Kleine Bibliothek der Weltweisheit

10

Arthur Schopenhauer

Über das Mitleid

Mitleid ist nach SCHOPENHAUER das Fundament der Menschenliebe, der Gerechtigkeit und der Ethik. Es schließt die Liebe zu den Tieren ein und ist die natürliche, uneigennützige und allein wirklich moralische Triebfeder ethischen Handelns. Es ist damit die Basis einer jeden Tugend.

FRANCO VOLPI ist Professor für Philosophie an der Universität Padua. Er hat Werke Schopenhauers und Heideggers ins Italienische übersetzt und ist selbst Verfasser zahlreicher philosophischer Bücher. Er ist Herausgeber des *Lexikons der philosophischen Werke* und des *Großen Werklexikons der Philosophie* in zwei Bänden sowie mehrerer Anthologien mit Texten Schopenhauers in der Beck'schen Reihe.

Arthur Schopenhauer

Über das Mitleid

Herausgegeben und
mit einem Nachwort von
Franco Volpi

dtv
C.H.Beck

Der Text folgt in Wortlaut und Orthographie den Gepflogenheiten Arthur Schopenhauers, doch werden ursprünglich fremdsprachige Zitate im Text in deutscher Übersetzung wiedergegeben.

5. Auflage 2011

November 2005
Deutscher Taschenbuch Verlag GmbH & Co.KG,
München

Druck und Bindung: Druckerei C.H.Beck, Nördlingen
Umschlagentwurf: David Pearson, London
Printed in Germany
ISBN 3 423 34250 6

www.dtv.de

Inhalt

Über das Mitleid

Von der Nichtigkeit und dem Leiden des Lebens.

Aus der Nacht der Bewußtlosigkeit zum Leben erwacht findet der Wille sich als Individuum, in einer end- und gränzenlosen Welt, unter zahllosen Individuen, alle strebend, leidend, irrend; und wie durch einen bangen Traum eilt er zurück zur alten Bewußtlosigkeit. – Bis dahin jedoch sind seine Wünsche gränzenlos, seine Ansprüche unerschöpflich, und jeder befriedigte Wunsch gebiert einen neuen. Keine auf der Welt mögliche Befriedigung könnte hinreichen, sein Verlangen zu stillen, seinem Begehren ein endliches Ziel zu setzen und den bodenlosen Abgrund seines Herzens auszufüllen. Daneben nun betrachte man, was dem Menschen, an Befriedigungen jeder Art, in der Regel, wird: es ist meistens nicht mehr, als die, mit unablässiger Mühe und steter Sorge, im Kampf mit der Noth, täglich errungene, kärgliche Erhaltung dieses Daseyns selbst, den Tod im Prospekt. – Alles im Leben giebt kund, daß das irdische Glück bestimmt ist, vereitelt oder als eine Illusion erkannt zu werden. Hiezu liegen tief im Wesen der Dinge die Anlagen. Demgemäß fällt das Leben der meisten Menschen trübsälig und kurz aus. Die komparativ Glücklichen sind es meistens nur scheinbar, oder aber sie sind, wie die Langlebenden, seltene Ausnahmen, zu denen eine Möglichkeit übrig bleiben mußte, – als Lockvogel. Das Leben stellt sich dar als ein fortgesetzter Betrug, im Kleinen, wie im Großen. Hat es versprochen, so hält es nicht; es sei denn, um zu zeigen, wie wenig wünschenswerth das Gewünschte war: so täuscht uns also bald die Hoffnung, bald das Gehoffte. Hat es gegeben; so war es, um zu nehmen. Der Zauber der Entfernung zeigt uns

Paradiese, welche wie optische Täuschungen verschwinden, wann wir uns haben hinäffen lassen. Das Glück liegt demgemäß stets in der Zukunft, oder auch in der Vergangenheit, und die Gegenwart ist einer kleinen dunkeln Wolke zu vergleichen, welche der Wind über die besonnte Fläche treibt; vor ihr und hinter ihr ist Alles hell, nur sie selbst wirft stets einen Schatten. Sie ist demnach allezeit ungenügend, die Zukunft aber ungewiß, die Vergangenheit unwiederbringlich. Das Leben, mit seinen stündlichen, täglichen, wöchentlichen und jährlichen, kleinen, größern und großen Widerwärtigkeiten, mit seinen getäuschten Hoffnungen und seinen alle Berechnung vereitelnden Unfällen, trägt so deutlich das Gepräge von etwas, das uns verleidet werden soll, daß es schwer zu begreifen ist, wie man dies hat verkennen können und sich überreden lassen, es sei da, um dankbar genossen zu werden, und der Mensch, um glücklich zu seyn. Stellt doch vielmehr jene fortwährende Täuschung und Enttäuschung, wie auch die durchgängige Beschaffenheit des Lebens, sich dar, als darauf abgesehen und berechnet, die Ueberzeugung zu erwecken, daß gar nichts unsers Strebens, Treibens und Ringens werth sei, daß alle Güter nichtig seien, die Welt an allen Enden bankrott, und das Leben ein Geschäft, das nicht die Kosten deckt; – auf daß unser Wille sich davon abwende.

Die Art, wie diese Nichtigkeit aller Objekte des Willens sich dem im Individuo wurzelnden Intellekt kund giebt und faßlich macht, ist zunächst DIE ZEIT. Sie ist die Form, mittelst derer jene Nichtigkeit der Dinge als Vergänglichkeit derselben erscheint; indem, vermöge dieser, alle unsere Genüsse und Freuden unter unsern Händen zu Nichts werden und wir nachher verwundert fragen, wo sie geblieben seien. Jene Nichtigkeit selbst ist daher das alleinige OBJEKTIVE der Zeit, d. h. das ihr im

Wesen an sich der Dinge Entsprechende, also Das, dessen Ausdruck sie ist. Deshalb eben ist die Zeit die *a priori* nothwendige Form aller unserer Anschauungen: in ihr muß sich Alles darstellen, auch wir selbst. Demzufolge gleicht nun zunächst unser Leben einer Zahlung, die man in lauter Kupferpfennigen zugezählt erhält und dann doch quittiren muß: es sind die Tage; die Quittung ist der Tod. Denn zuletzt verkündigt die Zeit den Urtheilsspruch der Natur über den Werth aller in ihr erscheinenden Wesen, indem sie sie vernichtet:

Und das mit Recht: denn alles was entsteht,
Ist werth, daß es zu Grunde geht.
Drum besser wär's, daß nichts entstünde.

(Goethe, Faust I, 1339, Studier-Zimmer)

So sind denn Alter und Tod, zu denen jedes Leben nothwendig hineilt, das aus den Händen der Natur selbst erfolgende Verdammungsurtheil über den Willen zum Leben, welches aussagt, daß dieser Wille ein Streben ist, das sich selbst vereiteln muß. «Was du gewollt hast», spricht es, «endigt so: wolle etwas Besseres.» – Also die Belehrung, welche Jedem sein Leben giebt, besteht im Ganzen darin, daß die Gegenstände seiner Wünsche beständig täuschen, wanken und fallen, sonach mehr Quaal als Freude bringen, bis endlich sogar der ganze Grund und Boden, auf dem sie sämmtlich stehen, einstürzt, indem sein Leben selbst vernichtet wird und er so die letzte Bekräftigung erhält, daß all sein Streben und Wollen eine Verkehrtheit, ein Irrweg war:

Then old age and experience, hand in hand,
Lead him to death, and make hin understand,
After a search so painful and so long,
*That all his life he has been in the wrong**.

Wir wollen aber noch auf das Specielle der Sache eingehen; da diese Ansichten es sind, in denen ich den meisten Widerspruch erfahren habe. – Zuvörderst habe ich die im Texte gegebene Nachweisung der Negativität aller Befriedigung, also alles Genusses und alles Glückes, im Gegensatz der Positivität des Schmerzes noch durch Folgendes zu bekräftigen.

Wir fühlen den Schmerz, aber nicht die Schmerzlosigkeit; wir fühlen die Sorge, aber nicht die Sorglosigkeit; die Furcht, aber nicht die Sicherheit. Wir fühlen den Wunsch, wie wir Hunger und Durst fühlen; sobald er aber erfüllt worden, ist es damit, wie mit dem genossenen Bissen, der in dem Augenblick, da er verschluckt wird, für unser Gefühl dazuseyn aufhört. Genüsse und Freuden vermissen wir schmerzlich, sobald sie ausbleiben: aber Schmerzen, selbst wenn sie nach langer Anwesenheit ausbleiben, werden nicht unmittelbar vermißt, sondern höchstens wird absichtlich, mittelst der Reflexion, ihrer gedacht. Denn nur Schmerz und Mangel können positiv empfunden werden und kündigen daher sich selbst an: das Wohlseyn hingegen ist bloß negativ. Daher eben werden wir der

* Bis Alter und Erfahrung, Hand in Hand,
Zum Tod' ihn führen und er hat erkannt,
Daß, nach so langem, mühevollen Streben,
Er Unrecht hatte, durch sein ganzes Leben.

(Schlußverse eines z. Zt. Karls I. erschienenen, später Rochester zugeschriebenen Gedichts «A Satyr against Mankind»; zitiert in S. Johnsons Werken, English Poets, 1779, X, p. 318-326; bei Goethe zitiert in Dichtung und Wahrheit, 13. Buch).

drei größten Güter des Lebens, Gesundheit, Jugend und Freiheit, nicht als solcher inne, so lange wir sie besitzen; sondern erst nachdem wir sie verloren haben: denn auch sie sind Negationen. Daß Tage unsers Lebens glücklich waren, merken wir erst, nachdem sie unglücklichen Platz gemacht haben. – In dem Maaße, als die Genüsse zunehmen, nimmt die Empfänglichkeit für sie ab: das Gewohnte wird nicht mehr als Genuß empfunden. Eben dadurch aber nimmt die Empfänglichkeit für das Leiden zu: denn das Wegfallen des Gewohnten wird schmerzlich gefühlt. Also wächst durch den Besitz das Maaß des Nothwendigen, und dadurch die Fähigkeit Schmerz zu empfinden. – Die Stunden gehen desto schneller hin, je angenehmer; desto langsamer, je peinlicher sie zugebracht werden: weil der Schmerz, nicht der Genuß das Positive ist, dessen Gegenwart sich fühlbar macht. Eben so werden wir bei der Langenweile der zeit inne, bei der Kurzweil nicht. Beides beweist, daß unser Daseyn dann am glücklichsten ist, wann wir es am wenigsten spüren; woraus folgt, daß es besser wäre, es nicht zu haben. Große, lebhafte Freude läßt sich schlechterdings nur denken als Folge großer vorhergegangener Noth: denn zu einem Zustande dauernder Zufriedenheit kann nichts hinzukommen, als etwas Kurzweil, oder auch Befriedigung der Eitelkeit. Darum sind alle Dichter genöthigt, ihre Helden in ängstliche und peinliche Lagen zu bringen, um sie daraus wieder befreien zu können: Drama und Epos schildern demnach durchgängig nur kämpfende, leidende, gequälte Menschen, und jeder Roman ist ein Guckkasten, darin man die Spasmen und Konvulsionen des geängstigten menschlichen Herzens betrachtet. Diese ästhetische Nothwendigkeit hat WALTER SCOTT naiv dargelegt in der «Konklusion» zu seiner Novelle *Old mortality*. – Ganz in Uebereinstimmung mit der von mir

bewiesenen Wahrheit sagt auch der von Natur und Glück so begünstigte VOLTAIRE: *Das Glück ist nur ein Traum, und wirklich ist der Schmerz;* und setzt hinzu: *Seit achtzig Jahren mache ich diese Erfahrung. Ich weiß nichts Besseres als mich darein zu ergeben und mir zu sagen, daß die Fliegen dazu da sind, um von den Spinnen, und die Menschen, um von ihren Kümmernissen aufgefressen zu werden.* (Voltaire, Lettre à M. le Marquis de Florian. Ferney, le 16 mars 1774)
Ehe man so zuversichtlich ausspricht, daß das Leben ein wünschenswerthes, oder dankenswerthes Gut sei, vergleiche man ein Mal gelassen die Summe der nur irgend möglichen Freuden, welche ein Mensch in seinem Leben genießen kann, mit der Summe der nur irgend möglichen Leiden, die ihn in seinem Leben treffen können. Ich glaube, die Bilanz wird nicht schwer zu ziehen seyn. Im Grunde aber ist es ganz überflüssig, zu streiten, ob des Guten oder des Uebeln mehr auf der Welt sei: denn schon das bloße Daseyn des Uebels entscheidet die Sache; da dasselbe nie durch das daneben oder danach vorhandene Gute getilgt, mithin auch nicht ausgeglichen werden kann:

*Mille piacer' non vagliono un tormento**

Denn, daß Tausende in Glück und Wonne gelebt hätten, höbe ja nie die Angst und Todesmarter eines Einzigen auf: und eben so wenig macht mein gegenwärtiges Wohlseyn meine frühern Leiden ungeschehen. Wenn daher des Uebeln auch hundert Mal weniger auf der Welt wäre, als der Fall ist; so wäre den-

* Tausend Genüsse sind nicht EINE Quaal werth. (Petrarca, Il canzoniere, Sonetto 195)

noch das bloße Daseyn desselben hinreichend, eine Wahrheit zu begründen, welche sich auf verschiedene Weise, wiewohl immer nur etwas indirekt ausdrücken läßt, nämlich, daß wir über das Daseyn der Welt uns nicht zu freuen, vielmehr zu betrüben haben; – daß ihr Nichtseyn ihrem Daseyn vorzuziehen wäre; – daß sie etwas ist, das im Grunde nicht seyn sollte; u. s. f. Ueberaus schön ist BYRONS Ausdruck der Sache:

Our life is a false nature, – 'tis not in
The harmony of things, this hard decree,
This uneradicable taint of sin,
This boundless Upas, this all-blasting tree
Whose root is earth, whose leaves and branches be
The skies, which rain their plagues on men like dew –
Disease, death, bondage – all the woes we see –
And worse, the woes we see not – which throb through
*The immedicable soul, with heart-aches ever new**.

Wenn die Welt und das Leben Selbstzweck seyn und demnach theoretisch keiner Rechtfertigung, praktisch keiner Entschädigung oder Gutmachung bedürfen sollten, sondern dawären, etwan wie SPINOZA und die heutigen Spinozisten es darstellen, als die einzige Manifestation eines Gottes, der *animi causa*, oder

* Unser Leben ist falscher Art: in der Harmonie der Dinge kann es nicht liegen, dieses harte Verhängniß, diese unausrottbare Seuche der Sünde, dieser gränzenlose Upas, dieser Alles vergiftende Baum, dessen Wurzel die Erde ist, dessen Blätter und Zweige die Wolken sind, welche ihre Plagen auf die Menschen herabregnen, wie Thau, – Krankheit, Tod, Knechtschaft, – all das Wehe, welches wir sehen, – und, was schlimmer, das Wehe, welches wir nicht sehen, – und welches die unheilbare Seele durchwallt, mit immer neuem Gram. (Byron, Childe Harold, IV, 126)

auch um sich zu spiegeln, eine solche Evolution mit sich selber vornähme, mithin ihr Daseyn weder durch Gründe gerechtfertigt, noch durch Folgen ausgelöst zu werden brauchte; – dann müßten nicht etwan die Leiden und Plagen des Lebens durch die Genüße und das Wohlseyn in demselben völlig ausgeglichen werden; – da dies, wie gesagt, unmöglich ist, weil mein gegenwärtiger Schmerz durch künftige Freuden nie aufgehoben wird, indem diese ihre Zeit füllen, wie er seine; – sondern es müßte ganz und gar keine Leiden geben und auch der Tod nicht seyn, oder nichts Schreckliches für uns haben. Nur so würde das Leben für sich selbst bezahlen.

Weil nun aber unser Zustand vielmehr etwas ist, das besser nicht wäre; so trägt Alles, was uns umgiebt, die Spur hievon – gleich wie in der Hölle Alles nach Schwefel riecht, – indem Jegliches stets unvollkommen und trüglich, jedes Angenehme mit Unangenehmem versetzt, jeder Genuß immer nur ein halber ist, jedes Vergnügen seine eigene Störung, jede Erleichterung neue Beschwerde herbeiführt, jedes Hülfsmittel unserer täglichen und stündlichen Noth uns alle Augenblicke im Stich läßt und seinen Dienst versagt, die Stufe, auf welche wir treten, so oft unter uns bricht, ja, Unfälle, große und kleine, das Element unsers Lebens sind, und wir, mit Einem Wort, dem PHINEUS gleichen, dem die Harpyen alle speisen besudelten und ungenießbar machten. Zwei Mittel werden dagegen versucht: erstlich die *ευλαβεια*, d.i. Klugheit, Vorsicht, Schlauheit: sie lernt nicht aus und reicht nicht aus und wird zu Schanden. Zweitens, der Stoische Gleichmuth, welcher jeden Unfall entwaffnen will, durch Gefaßtseyn auf alle und Verschmähen von Allem: praktisch wird er zur kynischen Entsagung, die lieber, ein für alle Mal, alle Hülfsmittel und Erleichterungen von sich wirft: sie macht uns zu Hunden, wie den

Diogenes in der Tonne. Die Wahrheit ist: wir sollen elend sein, und sind's. Dabei ist die Hauptquelle der ernstlichsten Uebel, die den Menschen treffen, der Mensch selbst: *homo homini lupus* (der Mensch dem Menschen ein Wolf; Plautus, Asinaria, 2, 495). Wer dies Letztere recht ins Auge faßt, erblickt die Welt als eine Hölle, welche die des Dante dadurch übertrifft, daß Einer der Teufel des Andern seyn muß; wozu denn freilich Einer vor dem Andern geeignet ist, vor Allen wohl ein Erzteufel, in Gestalt eines Eroberers auftretend, der einige Hundert Tausend Menschen einander gegenüberstellt und ihnen zuruft: «Leiden und Sterben ist euere Bestimmung; jetzt schießt mit Flinten und Kanonen auf einander los!» und sie thun es. – Ueberhaupt aber bezeichnen, in der Regel, Ungerechtigkeit, äußerste Unbilligkeit, Härte, ja Grausamkeit, die Handlungsweise der Menschen gegen einander: eine entgegengesetzte tritt nur ausnahmsweise ein. Hierauf beruht die Nothwendigkeit des Staates und der Gesetzgebung, und nicht auf euern Flausen. Aber in allen Fällen, die nicht im Bereich der Gesetze liegen, zeigt sich sogleich die dem Menschen eigene Rücksichtslosigkeit gegen seines Gleichen, welche aus seinem gränzenlosen Egoismus, mitunter auch aus Bosheit entspringt. Wie der Mensch mit dem Menschen verfährt, zeigt z.B. die Negersklaverei, deren Endzweck Zucker und Kaffee ist. Aber man braucht nicht so weit zu gehen: im Alter von fünf Jahren eintreten in die Garnspinnerei, oder sonstige Fabrik, und von Dem an erst 10, dann 12, endlich 14 Stunden täglich darin sitzen und die selbe mechanische Arbeit verrichten, heißt das Vergnügen, Athem zu holen, theuer erkaufen. Dies aber ist das Schicksal von Millionen, und viele andere Millionen haben ein analoges.

Uns Andere inzwischen vermögen geringe Zufälle vollkommen unglücklich zu machen; vollkommen glücklich, nichts auf der Welt. Was man auch sagen mag, der glücklichste Augenblick des Glücklichen ist doch der seines Einschlafens, wie der unglücklichste des Unglücklichen der seines Erwachens. – Einen indirekten, aber sichern Beweis davon, daß die Menschen sich unglücklich fühlen, folglich es sind, liefert, zum Ueberfluß, auch noch der Allen einwohnende, grimmige Neid, der, in allen Lebensverhältnissen, auf Anlaß jedes Vorzugs, welcher Art er auch seyn mag, rege wird und sein Gift nicht zu halten vermag. Weil sie sich unglücklich fühlen, können die Menschen den Anblick eines vermeinten Glücklichen nicht ertragen: wer sich momentan glücklich fühlt, möchte sogleich Alles um sich herum beglücken, und sagt:

Durch meine Freude hier sei alle Welt beglückt.
(Helvétius, De l'esprit. Discours III, chap. XII, Anmerkung)

Wenn das Leben an sich selbst ein schätzbares Gut und dem Nichtseyn entschieden vorzuziehen wäre; so brauchte die Ausgangspforte nicht von so entsetzlichen Wächtern, wie der Tod mit seinen Schrecken ist, besetzt zu seyn. Aber wer würde im Leben, wie es ist, ausharren, wenn der Tod minder schrecklich wäre? – Und wer könnte auch nur den Gedanken des Todes ertragen, wenn das Leben eine Freude wäre! So aber hat jener immer noch das Gute, das Ende des Lebens zu seyn, und wir trösten uns über die Leiden des Lebens mit dem Tode, und über den Tod mit den Leiden des Lebens. Die Wahrheit ist, daß Beide unzertrennlich zusammengehören, indem sie ein Irrsal ausmachen, von welchem zurückzukommen so schwer, wie wünschenswerth ist.
Wenn die Welt nicht etwas wäre, das, PRAKTISCH ausgedrückt,

nicht seyn sollte; so würde sie auch nicht THEORETISCH ein Problem seyn: vielmehr würde ihr Daseyn entweder gar keiner Erklärung bedürfen, indem es sich so gänzlich von selbst verstände, daß eine Verwunderung darüber und Frage danach in keinem Kopfe aufsteigen könnte; oder der Zweck desselben würde sich unverkennbar darbieten. Statt dessen aber ist sie sogar ein unauflösliches Problem; indem selbst die vollkommenste Philosophie stets noch ein unerklärtes Element enthalten wird, gleich einem unauflöslichen Niederschlag, oder dem Rest, welchen das irrationale Verhältniß zweier Größen stets übrig läßt. Daher, wenn Einer wagt, die Frage aufzuwerfen, warum nicht lieber gar nichts sei, als diese Welt; so läßt die Welt sich nicht aus sich selbst rechtfertigen, kein Grund, keine Endursache ihres Daseyns in ihr selbst finden, nicht nachweisen, daß sie ihrer selbst wegen, d. h. zu ihrem eigenen Vortheil dasei. – Dies ist, meiner Lehre zufolge, freilich daraus erklärlich, daß das Princip ihres Daseyns ausdrücklich ein grundloses ist, nämlich blinder Wille zum Leben, welcher, als Ding an sich, dem Satz vom Grunde, der bloß die Form der Erscheinungen ist und durch den allein jedes Warum berechtigt ist, nicht unterworfen seyn kann. Dies stimmt aber auch zur Beschaffenheit der Welt: denn nur ein blinder, kein sehender Wille konnte sich selbst in die Lage versetzen, in der wir uns erblicken. Ein sehender Wille würde vielmehr bald den Ueberschlag gemacht haben, daß das Geschäft die Kosten nicht deckt, indem ein so gewaltiges Streben und Ringen, mit Anstrengung aller Kräfte, unter steter Sorge, Angst und Noth, und bei unvermeidlicher Zerstörung jedes individuellen Lebens, keine Entschädigung findet in dem so errungenen, ephemeren, unter unsern Händen zu nichts werdenden Daseyn selbst. Daher eben verlangt die Erklärung der Welt aus einem Anaxagorischen $\nu o \nu \varsigma$, d.h. aus einem von ERKENNTNISS geleiteten Willen, zu ihrer Beschönigung, nothwendig den Optimismus, der alsdann, dem laut schreienden Zeugniß einer ganzen Welt voll Elend zum Trotz, aufgestellt und verfochten wird. Da wird denn das Leben für ein Geschenk ausgegeben, während am Tage liegt, daß Jeder, wenn er zum voraus das Geschenk hätte besehen und prüfen dürfen, sich dafür bedankt haben würde; wie denn auch LESSING den Verstand seines Sohnes bewunderte, der, weil er durchaus nicht in die Welt hineingewollt hätte, mit der Geburtszange gewaltsam hineingezogen werden mußte, kaum aber darin, sich eilig wieder davonmachte. Dagegen wird dann wohl gesagt, das Leben solle, von einem Ende zum andern, auch nur eine Lektion seyn, worauf aber jeder antworten könnte: «so wollte ich eben deshalb, daß man mich in der Ruhe des allgenugsamen Nichts gelassen hätte, als wo ich weder Lektionen, noch sonst etwas nöthig hatte.» Würde nun aber gar noch hinzugefügt, er solle einst von jeder Stunde seines Lebens Rechenschaft ablegen; so wäre er vielmehr berechtigt, selbst erst Rechenschaft zu fordern darüber, daß man ihn, aus jener Ruhe weg, in eine so mißliche, dunkele, geängstete und peinliche Lage versetzt hat. – Dahin also führen falsche Grundansichten. Denn das menschliche Daseyn, weit entfernt den Charakter eines GESCHENKS zu tragen, hat ganz und gar den einer kontrahirten SCHULD. Die Einforderung derselben erscheint in Gestalt der, durch jenes Daseyn gesetzten, dringenden Bedürfnisse, quälenden Wünsche und endlosen Noth. Auf Abzahlung dieser Schuld wird, in der Regel, die ganze Lebenszeit verwendet: doch sind damit erst die Zinsen getilgt. Die Kapitalabzahlung geschieht durch den Tod. – Und wann wurde diese Schuld kontrahirt? – Bei der Zeugung. –

Wenn man demgemäß den Menschen ansieht als ein Wesen, dessen Daseyn eine Strafe und Buße ist; – so erblickt man ihn in einem schon richtigeren Lichte. Der Mythos vom Sündenfall (obwohl wahrscheinlich, wie das ganze Judenthum, dem Zend-Avesta entlehnt: Bun-Dehesch, 15) ist das Einzige im Alten Testament, dem ich eine metaphysische, wenngleich nur allegorische Wahrheit zugestehen kann; ja, er ist es allein, was mich mit dem Alten Testament aussöhnt. Nichts Anderem nämlich sieht unser Daseyn so ähnlich, wie der Folge eines Fehltritts und eines strafbaren Gelüstens. Das neutestamentliche Christenthum, dessen ethischer Geist der des Brahmanismus und Buddhaismus, daher dem übrigens optimistischen des Alten Testaments sehr fremd ist, hat auch, höchst weise, gleich an jenen Mythos angeknüpft: ja, ohne diesen hätte es im Judenthum gar keinen Anhaltspunkt gefunden. – Will man den Grad von Schuld, mit dem unser Daseyn selbst behaftet ist, ermessen; so blicke man auf das Leiden, welches mit demselben verknüpft ist. Jeder große Schmerz, sei er leiblich oder geistig, sagt aus, was wir verdienen: denn er könnte nicht an uns kommen, wenn wir ihn nicht verdienten. Daß auch das Christenthum unser Daseyn in diesem Lichte erblickt, bezeugt eine Stelle aus Luther's Kommentar zu Galat., c. 3: *Wir alle aber sind mit unseren Körpern und unseren Dingen dem Teufel unterworfen und sind Fremdlinge auf der Welt, deren Fürst und Gott er ist. Darum steht alles unter seiner Herrschaft, das Brot, das wir essen, das Getränk, das wir trinken, die Kleider, die wir anziehen, ja selbst die Luft und alles, wodurch wir im Fleische leben.* Man hat geschrieen über das Melancholische und Trostlose meiner Philosophie: es liegt jedoch bloß darin, daß ich, statt als Aequivalent der Sünden eine künftige Hölle zu fabeln, nachwies, daß wo die Schuld liegt, in der Welt, auch schon etwas Höllenartiges sei:

wer aber dieses leugnen wollte, – kann es leicht ein Mal erfahren.
Und dieser Welt, diesem Tummelplatz gequälter und geängstigter Wesen, welche nur dadurch bestehen, daß eines das andere verzehrt, wo daher jedes reißende Thier das lebendige Grab tausend anderer und seine Selbsterhaltung eine Kette von Martertoden ist, wo sodann mit der Erkenntniß die Fähigkeit Schmerz zu empfinden wächst, welche daher im Menschen ihren höchsten Grad erreicht und einen um so höheren, je intelligenter er ist, – dieser Welt hat man das System des OPTIMISMUS anpassen und sie uns als die beste unter den möglichen andemonstriren wollen. Die Absurdität ist schreiend. – Inzwischen heißt ein Optimist mich die Augen öffnen und hineinsehen in die Welt, wie sie so schön sei, im Sonnenschein, mit ihren Bergen, Thälern, Strömen, Pflanzen, Thieren u. s. f. – Aber ist denn die Welt ein Guckkasten? ZU SEHEN sind diese Dinge freilich schön; aber sie zu SEYN ist ganz etwas Anderes. – Dann kommt ein Teleolog und preist mir die weise Einrichtung an, vermöge welcher dafür gesorgt sei, daß die Planeten nicht mit den Köpfen gegeneinander rennen, Land und Meer nicht zum Brei gemischt, sondern hübsch auseinandergehalten seien, auch nicht Alles in beständigem Froste starre, noch von Hitze geröstet werde, imgleichen, in Folge der Schiefe der Ekliptik, kein ewiger Frühling sei, als in welchem nichts zur Reife gelangen könnte, u. dgl. m. – Aber Dieses und alles Aehnliche sind ja bloße *conditiones sine quibus non* (unerläßliche Bedingungen). Wenn es nämlich überhaupt eine Welt geben soll, wenn ihre Planeten wenigstens so lange, wie der Lichtstrahl eines entlegenen Fixsterns braucht, um zu ihnen zu gelangen, bestehen und nicht, wie Lessings Sohn, gleich nach der Geburt wieder

abfahren sollen; – da durfte sie freilich nicht so ungeschickt gezimmert seyn, daß schon ihr Grundgerüst den Einsturz drohte. Aber wenn man zu den Resultaten des gepriesenen Werkes fortschreitet, die Spieler betrachtet, die auf der so dauerhaft gezimmerten Bühne agiren, und nun sieht, wie mit der Sensibilität der Schmerz sich einfindet und in dem Maaße, wie jene sich zur Intelligenz entwickelt, steigt, wie sodann, mit dieser gleichen Schritt haltend, Gier und Leiden immer stärker hervortreten und sich steigern, bis zuletzt das Menschenleben keinen andern Stoff darbietet, als den zu Tragödien und Komödien, – da wird, wer nicht heuchelt, schwerlich disponirt seyn, Hallelujahs anzustimmen. Den eigentlichen, aber verheimlichten Ursprung dieser letzteren hat übrigens, schonungslos, aber mit siegender Wahrheit, David Hume aufgedeckt, in seiner *Natural history of religion, Sect. 6, 7, 8 and 13*. Derselbe legt auch im zehnten und elften Buch seiner *Dialogues on natural religion,* unverhohlen, mit sehr triftigen und dennoch ganz anderartigen Argumenten als die meinigen, die trübsälige Beschaffenheit dieser Welt und die Unhaltbarkeit alles Optimismus dar; wobei er diesen zugleich in seinem Ursprung angreift. Beide Werke Hume's sind so lesenswerth, wie sie in Deutschland heut zu Tage unbekannt sind, wo man dagegen, patriotisch, am ekelhaften Gefasel einheimischer, sich spreizender Alltagsköpfe unglaubliches Genügen findet und sie als große Männer ausschreit. Jene *Dialogues* aber hat Hamann übersetzt, Kant hat die Uebersetzung durchgesehen und noch im späten Alter Hamanns Sohn zur Herausgabe derselben bewegen wollen, weil die von Platner ihm nicht genügte (siehe Kants Biographie von F. W. Schubert, S. 81 und 165). – Aus jeder Seite von David Hume ist mehr zu lernen, als aus Hegels, Herbarts und Schleiermachers sämmtlichen philosophischen Werken zusammengenommen.

Der Begründer des systematischen OPTIMISMUS hingegen ist-LEIBNITZ, dessen Verdienste um die Philosophie zu leugnen ich nicht gesonnen bin, wiewohl mich in die Monadologie, prästabilirte Harmonie und *identitas indiscernibilium* (die Identität der nicht unterscheidbaren Dinge) eigentlich hineinzudenken, mir nie hat gelingen wollen. Seine *Nouveaux essays sur l'entendement* aber sind bloß ein Excerpt, mit ausführlicher, auf Berichtigung abgesehener, jedoch schwacher Kritik des mit Recht weltberühmten Werkes LOCKE's, welchem er hier mit eben so wenig Glück sich entgegenstellt, wie, durch sein gegen das Gravitationssystem gerichtetes *Tentamen de motuum coelestium causis*, dem NEWTON. Gegen diese Leibnitz-Wolffische Philosophie ist die Kritik der reinen Vernunft ganz speciell gerichtet und hat zu ihr ein polemisches, ja, vernichtendes Verhältniß; wie zu LOCKE und HUME das der Fortsetzung und Weiterbildung. Daß heut zu Tage die Philosophieprofessoren allseitig bemüht sind, den LEIBNITZ, mit seinen Flausen, wieder auf die Beine zu bringen, ja, zu verherrlichen, und andererseits KANTEN möglichst gering zu schätzen und bei Seite zu schieben, hat seinen guten Grund im *primum vivere* (zuerst leben): die Kritik der reinen Vernunft läßt nämlich nicht zu, daß man Jüdische Mythologie für Philosophie ausgebe, noch auch, daß man, ohne Umstände, von der «Seele» als einer gegebenen Realität, einer wohlbekannten und gut ackredirten Person, rede, ohne Rechenschaft zu geben, wie man denn zu diesem Begriff gekommen sei und welche Berechtigung man habe, ihn wissenschaftlich zu gebrauchen. Aber *primum vivere, deinde philosophari!* (Zuerst leben, dann philosophieren). Herunter mit dem Kant, *vivat* unser LEIBNITZ! – Auf diesen also zurückzukommen, kann ich der Theodicee, dieser methodischen und breiten Entfaltung des Optimismus, in solcher Eigenschaft, kein anderes Verdienst zugestehen, als dieses, daß sie später Anlaß gegeben hat zum unsterblichen CANDIDE des großen VOLTAIRE; wodurch freilich Leibnitzens so oft wiederholte, lahme Exküse für die Uebel der Welt, daß nämlich das Schlechte bisweilen das Gute herbeiführt, einen ihm unerwarteten Beleg erhalten hat. Schon durch den Namen seines Helden deutete Voltaire an, daß es nur der Aufrichtigkeit bedarf, um das Gegentheil des Optimismus zu erkennen. Wirklich macht auf diesem Schauplatz der Sünde, des Leidens und des Todes der Optimismus eine so seltsame Figur, daß man ihn für Ironie halten müßte, hätte man nicht an der von HUME, wie oben erwähnt, so ergötzlich aufgedeckten geheimen Quelle desselben (nämlich heuchelnde Schmeichelei, mit beleidigendem Vertrauen auf ihren Erfolg) eine hinreichende Erklärung seines Ursprungs.

Sogar aber läßt sich den handgreiflich sophistischen Beweisen LEIBNITZENS, daß diese Welt die beste unter den möglichen sei, ernstlich und ehrlich der Beweis entgegenstellen, daß sie die SCHLECHTESTE unter den möglichen sei. Denn Möglich heißt nicht was Einer etwan sich vorphantasiren mag, sondern was wirklich existiren und bestehen kann. Nun ist diese Welt so eingerichtet, wie sie seyn mußte, um mit genauer Noth bestehen zu können: wäre sie aber noch ein wenig schlechter, so könnte sie schon nicht mehr bestehen. Folglich ist eine schlechtere, da sie nicht bestehen könnte, gar nicht möglich, sie selbst also unter den möglichen die schlechteste. Denn nicht bloß wenn die Planeten mit den Köpfen gegen einander rennten, sondern auch wenn von den wirklich eintretenden Perturbationen ihres Laufes irgend eine, statt sich durch andere allmälig wieder auszugleichen, in der Zunahme beharrte, würde die Welt bald ihr Ende erreichen: die Astronomen wissen, von wie zufälligen Umständen, nämlich zumeist vom irrationalen Verhältniß der Umlaufszeiten zu einander, Dieses abhängt, und haben mühsam herausgerechnet, daß es immer noch gut abgehen wird, mithin die Welt so eben stehen und gehen kann. Wir wollen, wiewohl NEWTON entgegengesetzter Meinung war, hoffen, daß sie sich nicht verrechnet haben, und mithin das in so einem Planetensystem verwirklichte mechanische *perpetuum mobile* nicht auch, wie die übrigen, zuletzt in Stillstand gerathen werde. – Unter der festen Rinde des Planeten nun wieder hausen die gewaltigen Naturkräfte, welche, sobald ein Zufall ihnen Spielraum gestattet, jene, mit allem Lebenden darauf, zerstören müssen; wie dies auf dem unserigen wenigstens schon drei Mal eingetreten ist und wahrscheinlich noch öfter eintreten wird. Ein Erdbeben von Lissabon, von Haity, eine Verschüttung von Pompeji sind nur kleine, schalkhafte Anspielungen auf die Möglichkeit. – Eine geringe, chemisch gar nicht ein Mal nachweisbare Alteration der Atmosphäre verursacht Cholera, gelbes Fieber, schwarzen Tod u. s. w., welche Millionen Menschen wegraffen: eine etwas größere würde alles Leben auslöschen. Eine sehr mäßige Erhöhung der Wärme würde alle Flüsse und Quellen austrocknen. – Die Thiere haben an Organen und Kräften genau und knapp so viel erhalten, wie zur Herbeischaffung ihres Lebensunterhalts und Auffütterung der Brut, unter äußerster Anstrengung, ausreicht; daher ein Thier, wenn es ein Glied, oder auch nur den vollkommenen Gebrauch desselben, verliert, meistens umkommen muß. Selbst vom Menschengeschlecht, so mächtige Werkzeuge es an Verstand und Vernunft auch hat, leben neun Zehntel in beständigem Kampfe mit dem Mangel, stets am Rande des Untergangs, sich mit Noth und Anstrengung über demselben balancirend. Also durchweg, wie zum Bestande des Ganzen, so auch zu dem jedes Einzelwesens sind die Bedingungen knapp und kärglich gegeben, aber nichts darüber: daher geht das individuelle Leben in unaufhörlichem Kampfe um die Existenz selbst hin; während bei jedem Schritt ihm Untergang droht. Eben weil diese Drohung so oft vollzogen wird, mußte, durch den unglaublich großen Ueberschuß der Keime, dafür gesorgt seyn, daß der Untergang der Individuen nicht den der Geschlechter herbeiführe, als an welchen allein der Natur ernstlich gelegen ist. – Die Welt ist folglich so schlecht, wie sie möglicherweise seyn kann, wenn sie überhaupt noch seyn soll. Was zu beweisen war. – Die Versteinerungen der den Planeten ehemals bewohnenden, ganz anderartigen Thiergeschlechter liefern uns, als Rechnungsprobe, die Dokumente von Welten, deren Bestand nicht mehr möglich war, die mithin noch etwas schlechter waren, als die schlechteste unter den möglichen.

Der Optimismus ist im Grunde das unberechtigte Selbstlob des eigentlichen Urhebers der Welt, des Willens zum Leben, der sich wohlgefällig in seinem Werke spiegelt: und demgemäß ist er nicht nur eine falsche, sondern auch eine verderbliche Lehre. Denn er stellt uns das Leben als einen wünschenswerthen Zustand, und als Zweck desselben das Glück des Menschen dar. Davon ausgehend glaubt dann Jeder den gerechtesten Anspruch auf Glück und Genuß zu haben: werden nun diese, wie es zu geschehen pflegt, ihm nicht zu Theil; so glaubt er, ihm geschehe Unrecht, ja, er verfehle den Zweck seines Daseyns; – während es viel richtiger ist, Arbeit, Entbehrung, Noth und Leiden, gekrönt durch den Tod, als Zweck unsers Lebens zu betrachten (wie dies Brahmanismus und Buddhaismus, und auch das ächte Christenthum thun); weil diese es sind, die zur Verneinung des Willens zum Leben leiten. Im Neuen Testamente ist die Welt dargestellt als ein Jammerthal, das Leben als ein Läuterungsproceß, und ein Marterinstrument ist das Symbol des Christenthums. Daher beruhte, als LEIBNITZ, SHAFTESBURY, BOLINGBROKE und POPE mit dem OPTIMISMUS hervortraten, der Anstoß, den man allgemein daran nahm, hauptsächlich darauf, daß der Optimismus mit dem Christenthum unvereinbar sei; wie dies VOLTAIRE, in der Vorrede zu seinem vortrefflichen Gedichte *Le désastre de Lisbonne*, welches ebenfalls ausdrücklich gegen den Optimismus gerichtet ist, berichtet und erläutert. Was diesen großen Mann, den ich, den Schmähungen feiler Deutscher Tintenklexer gegenüber, so gern lobe, entschieden höher als ROUSSEAU stellt, indem es die größere Tiefe seines Denkens bezeugt, sind drei Einsichten, zu denen er gelangt war: 1) die von der überwiegenden Größe des Uebels und vom Jammer des Daseyns, davon er tief durchdrungen ist; 2) die von der strengen Necessitation der Willensakte; 3) die von der Wahrheit des LOCKE'schen Satzes, daß möglicherweise das Denkende auch materiell seyn könne; während ROUSSEAU alles Dieses durch Deklamationen bestreitet, in seiner *Profession de foi du vicaire Savoyard*, einer flachen, protestantischen Pastorenphilosophie; wie er denn auch, in eben diesem Geiste, gegen das soeben erwähnte, schöne Gedicht VOLTAIRE's, mit einem schiefen, seichten und logisch falschen Räsonnement, zu Gunsten des Optimismus, polemisirt, in seinem, bloß diesem Zweck gewidmeten, langen Briefe an VOLTAIRE, vom 18. August 1756. Ja, der Grundzug und das *πρωτον ψευδος* (der erste falsche Schritt; der Fehler in einer Prämisse; Aristoteles, Analytica posteriora, cap. 18) der ganzen Philosophie ROUSSEAU's ist Dieses, daß er an die Stelle der christlichen Lehre von der Erbsünde und der ursprünglichen Verderbtheit des Menschengeschlechts, eine ursprüngliche Güte und unbegränzte Perfektibilität desselben setzt, welche bloß durch die Civilisation und deren Folgen auf Abwege gerathen wäre, und nun darauf seinen Optimismus und Humanismus gründet.

Wie gegen den Optimismus VOLTAIRE, im CANDIDE, den Krieg in seiner scherzhaften Manier führt, so hat es in seiner ernsten und tragischen BYRON gethan, in seinem unsterblichen Meisterwerke KAIN, weshalb er auch durch die Invektiven des Obskuranten Friedrich Schlegel verherrlicht worden ist. – Wollte ich nun schließlich, zur Bekräftigung meiner Ansicht, die Aussprüche großer Geister aller Zeiten in diesem, dem Optimismus entgegengesetzten Sinne, hersetzen; so würde der Anführungen kein Ende seyn; da fast jeder derselben seine Erkenntniß des Jammers dieser Welt in starken Worten ausgesprochen hat. Also nicht zur Bestätigung, sondern bloß zur Verzierung dieses Kapitels mögen am Schlusse derselben einige Aussprüche dieser Art Platz finden.

Zuvörderst sei hier erwähnt, daß die Griechen, so weit sie auch von der Christlichen und Hochasiatischen Weltansicht entfernt waren und entschieden auf dem Standpunkt der Bejahung des Willens standen, dennoch von dem Elend des Daseyns tief ergriffen waren. Dies bezeugt schon die Erfindung des Trauerspiels, welche ihnen angehört. Einen andern Beleg dazu giebt uns die, nachmals oft erwähnte, zuerst von HERODOT (V, 4) erzählte Sitte der Thrakier, den Neugeborenen mit Wehklagen zu bewillkommnen, und alle Uebel, denen er jetzt entgegengehe, herzuzählen; dagegen den Todten mit Freude und Scherz zu bestatten, weil er so vielen und großen Leiden nunmehr entgangen sei; welches in einem schönen, von Plutarch *(De audiendis poëtis, in fine)* uns aufbehaltenen Verse, so lautet:

Geborne zu beklagen, weil viel Schlimmem sie
Entgegengehen, aber die Gestorbenen
Mit Freude zu geleiten und mit Segnungen
Weil sie so vielen Leiden jetzt entronnen sind
(Euripides, Cresphontes; bei Plutarch in: De audiendis poëtis, cap. 14. p. 36f.)

Nicht historischer Verwandtschaft, sondern moralischer Identität der Sache ist es beizumessen, daß die Mexikaner das Neugeborene mit den Worten bewillkommneten: «Mein Kind, du bist zum Dulden geboren: also dulde, leide und schweig.» (Bibliothèque universelle de Genève, No. 81, 1842, p. 6) Und dem selben Gefühle folgend hat SWIFT (wie Walter Scott in dessen Leben berichtet) schon früh die Gewohnheit angenommen, seinen Geburtstag nicht als einen Zeitpunkt der Freude, sondern der Betrübniß zu begehen, und an demselben die Bibelstelle zu lesen, in welcher Hiob den Tag bejammert und verflucht, an welchem es in seines Vaters Hause hieß: es sei ein Sohn geboren.

Bekannt und zum Abschreiben zu lang ist die Stelle in der Apologie des Sokrates, wo PLATO diesen weisesten der Sterblichen sagen läßt, daß der Tod, selbst wenn er uns auf immer das Bewußtseyn raubte, ein wundervoller Gewinn seyn würde, da ein tiefer, traumloser Schlaf jedem Tage, auch des beglücktesten Lebens, vorzuziehen sei.

Ein Spruch des HERAKLEITOS lautete:

Des Lebens Name ist zwar Leben, sein Werk aber ist Tod.
(Etymologicum magnum, voce *βιος*; auch Eustathios ad Iliad. I, p. 31)

Berühmt ist der schöne Vers des THEOGNIS:

Gar nicht geboren zu werden, das wäre für Menschen das Beste,
Nimmer des Sonnengotts sengende Strahlen zu schaun;
Ist man aber geboren, so schnell, wie es geht, in des Hades
Pforten zu dringen und dort unter der Erde zu ruhn.
(Theognis, v. 425 ff.)

SOPHOKLES, im Oedipus zu Kolona (1225), hat folgende Abkürzung desselben:

Nie geboren zu sein, das ist
Weit das Beste; doch wenn man lebt,
Ist das Zweite, woher man kam,
Dorthin zu kehren, so schnell wie möglich.
(Sophokles, Oedipus Coloneus, v. 1225 ff.)

EURIPIDES sagt:

Voll Elend ist der Menschen Leben
Und kein Ende des Jammers.
(Euripides, Hippolytos, 189)

Und hat es doch schon HOMER gesagt:

Denn nicht ist auf der Welt ein jammervolleres Wesen
Als der Mensch, unter allem, was atmet und kriecht auf der Erde.
(Homer, Ilias, XVII, 446)

Selbst PLINIUS sagt: *Deshalb möge jeder als Heilmittel seines Gemüts zuallererst den Gedanken anerkennen, daß unter allen Gütern, welche die Natur dem Menschen beschert hat, keines wertvoller ist als ein zeitiger Tod.*
(Plinius, Historia naturalis, XXVIII, 2).

SHAKESPEARE legt dem alten König Heinrich IV. die Worte in den Mund:

O heaven! that one might read the book of fate,
And see the revolution of the times,
——————————— how chances mock,
And changes fill the cup of alteration
With divers liquors! O, if this were seen,
The happiest youth, – viewing his progress through,
What perils past, what crosses to ensue, –
*Would shut the book, and sit him down and die.**

* O, könnte man im Schicksalsbuche lesen,
Der Zeiten Umwälzung, des Zufalls Hohn
Darin ersehn, und wie Veränderung
Bald diesen Trank, bald jenen uns kredenzet, –
O, wer es säh! und wär's der frohste Jüngling,
Der, seines Lebens Lauf durchmusterend,
Das Ueberstandene, das Drohende erblickte. –
Er schlüg' es zu, und setzt' sich hin, und stürbe.
(Shakespeare, Henry IV., Part II, III, 1; verkürzt)

Endlich BYRON:

Count o'er the joys thine hours have seen,
Count o'er thy days from anguish free,
And know, whatever thou hast been,
*'Tis something better not to be.***

Keiner jedoch hat diesen Gegenstand so gründlich und erschöpfend behandelt, wie, in unsern Tagen, LEOPARDI. Er ist von demselben ganz erfüllt und durchdrungen: überall ist der Spott und Jammer dieser Existenz sein Thema, auf jeder Seite seiner Werke stellt er ihn dar, jedoch in einer solchen Mannigfaltigkeit von Formen und Wendungen, mit solchem Reichthum an Bildern, daß er nie Ueberdruß erweckt, vielmehr durchweg unterhaltend und erregend wirkt.

** Ueberzähle die Freuden, welche deine Stunden gesehen haben; überzähle die Tage, die von Angst frei gewesen; und wisse, daß, was immer du gewesen seyn magst, es etwas Besseres ist, nicht zu seyn. (Byron, Euthanasia, Str. 9)

Durch alle bisherigen Betrachtungen über das menschliche Handeln haben wir die letzte vorbereitet und uns die Aufgabe sehr erleichtert, die eigentliche ethische Bedeutsamkeit des Handelns, welche man im Leben durch die Worte GUT und BÖSE bezeichnet und sich dadurch vollkommen verständigt, zu abstrakter und philosophischer Deutlichkeit zu erheben und als Glied unseres Hauptgedankens nachzuweisen.

Ich will aber zuvörderst jene Begriffe GUT und BÖSE, welche von den philosophischen Schriftstellern unserer Tage, höchst wunderlicher Weise, als einfache, also keiner Analyse fähige Begriffe behandelt werden, auf ihre eigentliche Bedeutung zurückführen; damit man nicht etwan in einem undeutlichen Wahn befangen bleibe, daß sie mehr enthalten, als wirklich der Fall ist, und an und für sich schon alles hier Nöthige besagten. Dies kann ich thun, weil ich selbst so wenig gesonnen bin, in der Ethik hinter dem Worte GUT einen Versteck zu suchen, als ich solchen früher hinter den Worten SCHÖN oder WAHR gesucht habe, um dann etwan durch ein angehängtes «HEIT», das heut zu Tage eine besondere *σεμνοτης* (Würde) haben und dadurch in mehreren Fällen aushelfen soll, und durch eine feierliche Miene glauben zu machen, ich hätte durch Aussprechung solcher drei Worte mehr gethan, als drei sehr weite und abstrakte, folglich gar nicht inhaltreiche Begriffe bezeichnen, welche sehr verschiedenen Ursprung und Bedeutung haben. Wem in der That, der sich mit den Schriften unserer Tage bekannt gemacht hat, sind nicht jene drei Worte, auf so treffliche Dinge sie ursprünglich auch weisen, doch endlich zum Ekel geworden, nachdem er tausend Mal sehen mußte, wie jeder zum Denken Unfähigste nur glaubt, mit weitem Munde und der Miene eines begeisterten Schaafes, jene drei Worte vorbringen zu dürfen, um große Weisheit geredet zu haben?

Die Erklärung des Begriffes WAHR ist schon in der Abhandlung über den Satz vom Grunde gegeben. Der Inhalt des Begriffs SCHÖN hat durch unser ganzes drittes Buch zum ersten Mal seine eigentliche Erklärung gefunden. Jetzt wollen wir den Begriff GUT auf seine Bedeutung zurückführen, was mit sehr Wenigem geschehen kann. Dieser Begriff ist wesentlich relativ und bezeichnet die ANGEMESSENHEIT EINES OBJEKTS ZU IRGEND EINER BESTIMMTEN BESTREBUNG DES WILLENS. Also Alles, was dem Willen in irgend einer seiner Aeußerungen zusagt, seinen Zweck erfüllt, das wird durch den Begriff GUT gedacht, so verschieden es auch im Uebrigen seyn mag. Darum sagen wir gutes Essen, gute Wege, gutes Wetter, gute Waffen, gute Vorbedeutung u. s. w., kurz, nennen Alles gut, was gerade so ist, wie wir es eben wollen; daher auch dem Einen gut seyn kann, was dem Andern gerade das Gegentheil davon ist. Der Begriff des Guten zerfällt in zwei Unterarten: nämlich die der unmittelbar gegenwärtigen und die der nur mittelbaren, auf die Zukunft gehenden Befriedigung des jedesmaligen Willens: d. h. das Angenehme und das Nützliche. – Der Begriff des Gegentheils wird, so lange von nichterkennenden Wesen die Rede ist, durch das Wort SCHLECHT, seltener und abstrakter durch UEBEL ausgedrückt, welches also alles dem jedesmaligen Streben des Willens nicht Zusagende bezeichnet. Wie alle anderen Wesen, die in Beziehung zum Willen treten können, hat man nun auch Menschen, die den gerade gewollten Zwecken günstig, förderlich, befreundet waren, GUT genannt, in der selben Bedeutung und immer mit

Beibehaltung des Relativen, welches sich z. B. in der Redensart zeigt: «Dieser ist mir gut, dir aber nicht.» Diejenigen aber, deren Charakter es mit sich brachte, überhaupt die fremden Willensbestrebungen als solche nicht zu hindern, vielmehr zu befördern, die also durchgängig hülfreich, wohlwollend, freundlich, wohlthätig waren, sind, wegen dieser Relation ihrer Handlungsweise zum Willen Anderer überhaupt, GUTE Menschen genannt worden. Den entgegengesetzten Begriff bezeichnet man im Deutschen und seit etwan hundert Jahren auch im Französischen, bei erkennenden Wesen (Thieren und Menschen) durch ein anderes Wort als bei erkenntnißlosen, nämlich durch BÖSE, *méchant*, während in fast allen anderen Sprachen dieser Unterschied nicht Statt findet und *κακος, malus, cattivo, bad* von Menschen wie von leblosen Dingen gebraucht werden, welche den Zwecken eines bestimmten individuellen Willens entgegen sind. Also ganz und gar vom passiven Theil des Guten ausgegangen, konnte die Betrachtung erst später auf den aktiven übergehen und die Handlungsweise des GUT genannten Menschen nicht mehr in Bezug auf Andere, sondern auf ihn selbst untersuchen, besonders sich die Erklärung aufgebend, theils der rein objektiven Hochachtung, die sie in Anderen, theils der eigenthümlichen Zufriedenheit mit sich selbst, die sie in ihm offenbar hervorbrachte, da er solche sogar mit Opfern anderer Art erkaufte; so wie auch im Gegentheil des innern Schmerzes, der die böse Gesinnung begleitete, so viel äußere Vortheile sie auch Dem brachte, der sie gehegt. Hieraus entsprangen nun die ethischen Systeme, sowohl philosophische, als auf Glaubenslehren gestützte. Beide suchen stets die Glücksäligkeit mit der Tugend irgendwie in Verbindung zu setzen, die ersteren entweder durch den Satz des Widerspruchs, oder auch durch den des Grundes, Glücksäligkeit also entweder zum Identischen, oder zur Folge der Tugend zu machen, immer sophistisch: die letzteren aber durch Behauptung anderer Welten, als die der Erfahrung möglicherweise bekannte*.

Hingegen wird, unserer Betrachtung zufolge, sich das innere Wesen der Tugend ergeben als ein Streben in ganz entgegengesetzter Richtung als das nach Glücksäligkeit, d. h. Wohlseyn und Leben.

Dem Obigen zufolge ist das GUTE, seinem Begriffe nach, *των προς τι* (ein beziehungsweise Geltendes), also jedes Gute wesentlich relativ: denn es hat sein Wesen nur in seinem Verhältniß zu einem begehrenden Willen. ABSOLUTES GUT ist dem-

* Hiebei sei es beiläufig bemerkt, daß Das, was jeder positiven Glaubenslehre ihre große Kraft giebt, der Anhaltspunkt, durch welchen sie die Gemüther fest in Besitz nimmt, durchaus ihre ethische Seite ist; wiewohl nicht unmittelbar als solche, sondern indem sie mit dem übrigen, der jedesmaligen Glaubenslehre eigenthümlichen, mythischen Dogma fest verknüpft und verwebt, als allein durch dasselbe erklärbar erscheint; so sehr, daß, obgleich die ethische Bedeutung der Handlungen gar nicht gemäß dem Satz des Grundes erklärbar ist, jeder Mythos aber diesem Satz folgt, dennoch die Gläubigen die ethische Bedeutung des Handelns und ihren Mythos für ganz unzertrennlich, ja schlechthin Eins halten und nun jeden Angriff auf den Mythos für einen Angriff auf Recht und Tugend ansehen. Dies geht so weit, daß bei den monotheistischen Völkern Atheismus, oder Gottlosigkeit, das Synonym von Abwesenheit aller Moralität geworden ist. Den Priestern sind solche Begriffsverwechselungen willkommen, und nur in Folge derselben konnte jenes furchtbare Ungeheuer, der Fanatismus, entstehen, und nicht etwan nur einzelne ausgezeichnet verkehrte und böse Individuen, sondern ganze Völker beherrschen und zuletzt, was zur Ehre der Menschheit nur Ein Mal in ihrer Geschichte dasteht, in diesem Occident sich als Inquisition verkörpern, welche, nach den neuesten endlich authentischen Nachrichten, in Madrid allein (während im übrigen Spanien noch viele solche geistliche Mördergruben waren) in 300 Jahren 300 000 Menschen, Glaubenssachen halber, auf dem Scheiterhaufen quaalvoll sterben ließ: woran jeder Eiferer, so oft er laut werden will, sogleich zu erinnern ist.

nach ein Widerspruch: höchstes Gut, *summum bonum*, bedeutet das Selbe, nämlich eigentlich eine finale Befriedigung des Willens, nach welcher kein neues Wollen einträte, ein letztes Motiv, dessen Erreichung ein unzerstörbares Genügen des Willens gäbe. Nach unserer bisherigen Betrachtung in diesem vierten Buch ist dergleichen nicht denkbar. Der Wille kann so wenig durch irgend eine Befriedigung aufhören stets wieder von Neuem zu wollen, als die Zeit enden oder anfangen kann: eine dauernde, sein Streben vollständig und auf immer befriedigende Erfüllung giebt es für ihn nicht. Er ist das Faß der Danaiden: es giebt kein höchstes Gut, kein absolutes Gut für ihn; sondern stets nur ein einstweiliges. Wenn es indessen beliebt, um einem alten Ausdruck, den man aus Gewohnheit nicht ganz abschaffen möchte, gleichsam als *emeritus*, ein Ehrenamt zu geben; so mag man, tropischer Weise und bildlich, die gänzliche Selbstaufhebung und Verneinung des Willens, die wahre Willenslosigkeit, als welche allein den Willensdrang für immer stillt und beschwichtigt, allein jene Zufriedenheit giebt, die nicht wieder gestört werden kann, allein welterlösend ist, und von der wir jetzt bald, am Schluß unserer ganzen Betrachtung, handeln werden, – das absolute Gut, das *summum bonum* nennen, und sie ansehen, als das einzige radikale Heilmittel der Krankheit, gegen welche alle anderen Güter, nur Palliativmittel, nur Anodyna sind. In diesem Sinne entspricht das Griechische *τελος* (Höhepunkt; Endziel), wie auch *finis bonorum* (das höchste Gut), der Sache sogar noch besser. – So viel von den Worten GUT und BÖSE; jetzt aber zur Sache.

Wenn ein Mensch, sobald Veranlassung da ist und ihn keine äußere Macht abhält, stets geneigt ist UNRECHT zu thun, nennen wir ihn BÖSE. Nach unserer Erklärung des Unrechts heißt dieses, daß ein solcher nicht allein den Willen zum Leben, wie er in seinem Leibe erscheint, bejaht; sondern in dieser Bejahung so weit geht, daß er den in anderen Individuen erscheinenden Willen verneint; was sich darin zeigt, daß er ihre Kräfte zum Dienste seines Willens verlangt und ihr Daseyn zu vertilgen sucht, wenn sie den Bestrebungen seines Willens entgegenstehen. Die letzte Quelle hievon ist ein hoher Grad des Egoismus, dessen Wesen oben auseinandergesetzt ist. Zweierlei ist hier sogleich offenbar: ERSTLICH, daß in einem solchen Menschen ein überaus heftiger, weit über die Bejahung seines eigenen Leibes hinausgehender Wille zum Leben sich ausspricht; und ZWEITENS, daß seine Erkenntniß, ganz dem Satz vom Grunde hingegeben und im *principio individuationis* (Prinzip der Individuation, d.h. der Existenzgrund der Einzelwesen) befangen, bei dem durch dieses letztere gesetzten gänzlichen Unterschiede zwischen seiner eigenen Person und allen anderen fest stehen bleibt; daher er allein sein eigenes Wohlseyn sucht, vollkommen gleichgültig gegen das aller Anderen, deren Wesen ihm vielmehr völlig fremd ist, durch eine weite Kluft von dem seinigen geschieden, ja, die er eigentlich nur als Larven, ohne alle Realität, ansieht. – Und diese zwei Eigenschaften sind die Grundelemente des bösen Charakters.

Jene große Heftigkeit des Wollens ist nun schon an und für sich und unmittelbar eine stete Quelle des Leidens. Erstlich, weil alles Wollen, als solches, aus dem Mangel, also dem Leiden, entspringt. (Daher ist, wie aus dem dritten Buch erinnerlich, das augenblickliche Schweigen alles Wollens, welches eintritt, sobald wir als reines willenloses Subjekt des Erkennens [Korrelat der Idee] der ästhetischen Betrachtung hingegeben sind, eben schon ein Hauptbestandtheil der Freude am Schönen.) Zweitens, weil, durch den kausalen Zusammenhang der Dinge, die meisten Begehrungen unerfüllt bleiben müssen und der Wille viel öfter durchkreuzt, als befriedigt wird, folglich auch dieserhalb heftiges und vieles Wollen stets heftiges und vieles Leiden mit sich bringt. Denn alles Leiden ist durchaus nichts Anderes, als unerfülltes und durchkreuztes Wollen: und selbst der Schmerz des Leibes, wenn er verletzt oder zerstört wird, ist als solcher allein dadurch möglich, daß der Leib nichts Anderes, als der Objekt gewordene Wille selbst ist. – Dieserhalb nun, weil vieles und heftiges Leiden von vielem und heftigem Wollen unzertrennlich ist, trägt schon der Gesichtsausdruck sehr böser Menschen das Gepräge des innern Leidens: selbst wenn sie alles äußerliche Glück erlangt haben, sehen sie stets unglücklich aus, sobald sie nicht im augenblicklichen Jubel begriffen sind, oder sich verstellen. Aus dieser, ihnen ganz unmittelbar wesentlichen, innern Quaal geht zuletzt sogar die nicht aus dem bloßen Egoismus entsprungene, sondern uneigennützige Freude an fremden Leiden hervor, welche die eigentliche BOSHEIT ist und sich bis zur GRAUSAMKEIT steigert. Dieser ist das fremde Leiden nicht mehr Mittel zur Erlangung der Zwecke des eigenen Willens, sondern Zweck an sich. Die nähere Erklärung dieses Phänomens ist folgende. Weil der Mensch Erscheinung des Willens, von der klarsten Erkenntniß beleuchtet, ist, mißt er die wirkliche und gefühlte Befriedigung seines Willens stets gegen die bloß mögliche ab, welche ihm die Erkenntniß vorhält. Hieraus entspringt der Neid: jede Entbehrung wird unendlich gesteigert durch fremden Genuß, und erleichtert durch das Wissen, daß auch Andere die selbe Entbehrung dulden. Die Uebel, welche Allen gemeinschaftlich und vom Menschenleben unzertrennlich sind, betrüben uns wenig: eben so die, welche dem Klima, dem ganzen Lande angehören. Die Erinnerung an größere Leiden, als die unserigen sind, stillt ihren Schmerz: der Anblick fremder Leiden lindert die eigenen. Wenn nun ein Mensch von einem überaus heftigen Willensdrange erfüllt ist, mit brennender Gier Alles zusammenfassen möchte, um den Durst des Egoismus zu kühlen, und dabei, wie es nothwendig ist, erfahren muß, daß alle Befriedigung nur scheinbar ist, das Erlangte nie leistet, was das Begehrte versprach, nämlich endliche Stillung des grimmigen Willensdranges; sondern durch die Erfüllung der Wunsch nur seine Gestalt ändert und jetzt unter einer andern quält, ja endlich, wenn sie alle erschöpft sind, der Willensdrang selbst, auch ohne erkanntes Motiv, bleibt und sich als Gefühl der entsetzlichsten Oede und Leere, mit heilloser Quaal kund giebt: wenn aus diesem Allen, was bei den gewöhnlichen Graden des Wollens nur in geringerm Maaß empfunden, auch nur den gewöhnlichen Grad trüber Stimmung hervorbringt, bei Jenem, der die bis zur ausgezeichneten Bosheit gehende Erscheinung des Willens ist, nothwendig eine übermäßige innere Quaal, ewige Unruhe, unheilbarer Schmerz erwächst; so sucht er nun indirekt die Linderung, deren er direkt nicht fähig ist, sucht nämlich durch den Anblick des fremden Leidens, welches er zugleich als eine Aeußerung seiner Macht erkennt, das eigene zu mildern. Fremdes Leiden wird ihm jetzt Zweck an sich, ist ihm ein Anblick, an dem er sich weidet: und so entsteht die Erscheinung der eigentlichen Grausamkeit, des Blutdurstes, welche die Geschichte so oft sehen läßt, in den Neronen und Domitianen, in den Afrikanischen Deis, im Robespierre u. s. w.

Mit der Bosheit verwandt ist schon die Rachsucht, die das Böse mit Bösem vergilt, nicht aus Rücksicht auf die Zukunft, welches der Charakter der Strafe ist, sondern bloß wegen des Geschehenen, Vergangenen, als solchen, also uneigennützig, nicht als Mittel, sondern als Zweck, um an der Quaal des Beleidigers, die man selbst verursacht, sich zu weiden. Was die Rache von der reinen Bosheit unterscheidet und in etwas entschuldigt, ist ein Schein des Rechts; sofern nämlich der selbe Akt, der jetzt Rache ist, wenn er gesetzlich, d. h. nach einer vorher bestimmten und bekannten Regel und in einem Verein, der sie sanktionirt hat, verfügt würde, Strafe, also Recht, seyn würde.

Außer dem beschriebenen, mit der Bosheit aus einer Wurzel, dem sehr heftigen Willen, entsprossenen und daher von ihr unabtrennlichen Leiden, ist ihr nun aber noch eine davon ganz verschiedene und besondere Pein beigesellt, welche bei jeder bösen Handlung, diese sei nun bloße Ungerechtigkeit aus Egoismus, oder reine Bosheit, fühlbar wird und, nach der Länge ihrer Dauer, GEWISSENSBISS, oder GEWISSENSANGST heißt. – Wem nun der bisherige Inhalt dieses vierten Buchs, besonders aber die am Anfange desselben auseinandergesetzte Wahrheit, daß dem Willen zum Leben das Leben selbst, als sein bloßes Abbild oder Spiegel, immer gewiß ist, sodann auch die Darstellung der ewigen Gerechtigkeit, – erinnerlich und gegenwärtig sind; der wird finden, daß in Gemäßheit jener Betrachtungen, der Gewissensbiß keine andere, als folgende Bedeutung haben kann, d.h. sein Inhalt, abstrakt ausgedrückt, folgender ist, in welchem man zwei Theile unterscheidet, die aber doch wieder ganz zusammenfallen und als völlig vereint gedacht werden müssen.

So dicht nämlich auch den Sinn des Bösen der Schleier der Maja umhüllt, d.h. so fest er auch im *principio individuationis* befangen ist, demgemäß er seine Person von jeder andern als absolut verschieden und durch eine weite Kluft getrennt ansieht, welche Erkenntniß, weil sie seinem Egoismus allein gemäß und die Stütze desselben ist, er mit aller Gewalt festhält, wie denn fast immer die Erkenntniß vom Willen bestochen ist, so regt sich dennoch, im Innersten seines Bewußtseyns, die geheime Ahndung, daß eine solche Ordnung der Dinge doch nur Erscheinung ist, an sich aber es sich ganz anders verhält, daß, so sehr auch Zeit und Raum ihn von anderen Individuen und deren unzählbaren Quaalen, die sie leiden, ja durch ihn leiden, trennen und sie als ihm ganz fremd darstellen; dennoch an sich und abgesehen von der Vorstellung und ihren Formen der eine Wille zum Leben es ist, der in ihnen allen erscheint, der hier, sich selbst verkennend, gegen sich selbst seine Waffen wendet, und indem er in einer seiner Erscheinungen gesteigertes Wohlseyn sucht, eben dadurch der andern das größte Leiden auflegt, und daß er, der Böse, eben dieser ganze Wille ist, er folglich nicht allein der Quäler, sondern eben er auch der Gequälte, von dessen Leiden ihn nur ein täuschender Traum, dessen Form Raum und Zeit ist, trennt und frei hält, der aber dahinschwindet, und er, der Wahrheit nach, die Wollust mit der Quaal bezahlen muß, und alles Leiden, das er nur als möglich erkennt, ihn als den Willen zum Leben wirklich trifft, indem nur für die Erkenntniß des Individuums, nur mittelst des *principii individuationis*, Möglichkeit und Wirklichkeit, Nähe und Ferne der Zeit und des Raumes, verschieden sind; nicht so an sich. Diese Wahrheit ist es, welche mythisch, d. h. dem Satze vom Grunde angepaßt und dadurch in die Form der Erscheinung übersetzt, durch die Seelenwanderung ausgedrückt wird: ihren von aller Beimischung reinsten Ausdruck aber hat sie eben in jener dunkel gefühlten, aber trostlosen Quaal, die man Gewissensangst nennt. – Diese entspringt aber außerdem noch aus einer ZWEITEN, mit jener ersten genau verbundenen, unmittelbaren Erkenntniß, nämlich der der Stärke, mit welcher im bösen Indiviuo der Wille zum Leben sich bejaht, welche weit über seine individuelle Erscheinung hinausgeht, bis zur gänzlichen Verneinung des selben, in fremden Individuen erscheinenden Willens. Das innere Entsetzen folglich des Bösewichts über seine eigene That, welches er sich selber zu verhehlen sucht, enthält neben jener Ahndung der Nichtigkeit und bloßen Scheinbarkeit des *principii individuationis* und des durch dasselbe gesetzten Unterschiedes zwischen ihm und Anderen, zugleich auch die Erkenntniß der Heftigkeit seines eigenen Willens, der Gewalt, mit welcher er das Leben gefaßt, sich daran festgesogen hat, eben dieses Leben, dessen schreckliche Seite er in der Quaal der von ihm Unterdrückten vor sich sieht und mit welchem er dennoch so fest verwachsen ist, daß eben dadurch das Entsetzlichste von ihm selbst ausgeht, als Mittel zur völligern Bejahung seines eigenen Willens. Er erkennt sich als concentrirte Erscheinung des Willens zum Leben, fühlt bis zu welchem Grade er dem Leben anheimgefallen ist und damit auch den zahllosen Leiden, die diesem wesentlich sind, da es endlose Zeit und endlosen Raum hat, um den Unterschied zwischen Möglichkeit und Wirklichkeit aufzuheben und alle von ihm für jetzt bloß ERKANNTE Quaalen in EMPFUNDENE zu verwandeln. Die Millionen Jahre steter Wiedergeburt bestehen dabei zwar bloß im Begriff, wie die ganze Vergangenheit und Zukunft allein im Begriff existirt: die erfüllte Zeit, die Form der Erscheinung des Willens ist allein die Gegenwart, und für das Individuum ist die Zeit immer neu: es findet sich stets als neu entstanden. Denn von dem Willen zum Leben ist das Leben unzertrennlich und dessen Form allein das Jetzt. Der Tod (man entschuldige die Wiederholung des Gleichnisses) gleicht dem Untergange der Sonne, die nur scheinbar von der Nacht verschlungen wird, wirklich aber, selbst Quelle alles Lichtes, ohne Unterlaß brennt, neuen Welten neue Tage bringt, allezeit im Aufgange und allezeit im Niedergange. Anfang und Ende trifft nur das Individuum, mittelst der Zeit, der Form dieser Erscheinung für die Vorstellung. Außer der Zeit liegt allein der Wille, Kants Ding an sich, und dessen adäquate Objektität, Platons Idee. Daher giebt Selbstmord keine Rettung: was Jeder im Innersten WILL, das muß er SEYN: und was Jeder ist, das WILL er eben. – Also neben der bloß gefühlten Erkenntniß der Scheinbarkeit und Nichtigkeit der die Individuen absondernden Formen der Vorstellung, ist es die Selbsterkenntniß des eigenen Willens und seines Grades, welche dem Gewissen den Stachel giebt. Der Lebenslauf wirkt das Bild des empirischen Charakters, dessen Original der intelligible ist, und der Böse erschrickt bei diesem Bilde; gleichviel ob es mit großen Zügen gewirkt ist, so daß die Welt seinen Abscheu theilt, oder mit so kleinen, daß er allein es sieht: denn nur ihn betrifft es unmittelbar. Das Vergangene wäre gleichgültig, als bloße Erscheinung, und könnte nicht das Gewissen beängstigen, fühlte sich nicht der Charakter frei von aller Zeit und durch sie unveränderlich, so lange er nicht sich selbst verneint. Darum lasten längst geschehene Dinge immer noch auf dem Gewissen. Die Bitte: «Führe mich nicht in Versuchung», sagt: «Lass' es mich nicht sehen, wer ich bin.» – An der Gewalt, mit welcher der Böse das Leben bejaht, und die sich ihm darstellt an dem Leiden, welches er über Andere verhängt, ermißt er die Ferne, in welcher von ihm das Aufgeben und Verneinen eben jenes Willens, die einzig mögliche Erlösung von der Welt und ihrer Quaal liegt. Er sieht, wie weit er ihr angehört und wie fest er ihr verbunden ist: das ERKANNTE Leiden Anderer hat ihn nicht bewegen können: dem Leben und dem EMPFUNDENEN Leiden fällt er anheim. Es bleibt dahin gestellt, ob dieses je die Heftigkeit seines Willens brechen und überwinden wird.

Diese Auseinandersetzung der Bedeutung und des innern Wesens des BÖSEN, welche als bloßes Gefühl, d.h. NICHT als deutliche, abstrakte Erkenntniß, der Inhalt der GEWISSENSANGST ist, wird noch mehr Deutlichkeit und Vollständigkeit gewinnen durch die eben so durchgeführte Betrachtung des GUTEN, als Eigenschaft des menschlichen Willens, und zuletzt der gänzlichen Resignation und Heiligkeit, welche aus jener, nachdem solche den höchsten Grad erreicht hat, hervorgeht. Denn die Gegensätze erläutern sich immer wechselseitig, und der Tag offenbart zugleich sich selbst und die Nacht, wie Spinoza vortrefflich gesagt hat.

Eine Moral ohne Begründung, also bloßes Moralisiren, kann nicht wirken; weil sie nicht motivirt. Eine Moral aber, DIE motivirt, kann dies nur durch Einwirkung auf die Eigenliebe. Was nun aber aus dieser entspringt, hat keinen moralischen Werth. Hieraus folgt, daß durch Moral, und abstrakte Erkenntniß überhaupt, keine ächte Tugend bewirkt werden kann; sondern diese aus der intuitiven Erkenntniß entspringen muß, welche im fremden Individuo das selbe Wesen erkennt, wie im eigenen.

Denn die Tugend geht zwar aus der Erkenntniß hervor; aber nicht aus der abstrakten, durch Worte mittheilbaren. Wäre dieses, so ließe sie sich lehren, und indem wir hier ihr Wesen und die ihr zum Grunde liegende Erkenntniß abstrakt aussprechen, hätten wir Jeden, der dies faßt, auch ethisch gebessert. So ist es aber keineswegs. Vielmehr kann man so wenig durch ethische Vorträge oder Predigten einen Tugendhaften zu Stande bringen, als alle Aesthetiken, von der des Aristoteles an, je einen Dichter gemacht haben. Denn für das eigentliche und innere Wesen der Tugend ist der Begriff unfruchtbar, wie er es für die Kunst ist, und kann nur völlig untergeordnet als Werkzeug Dienste bei der Ausführung und Aufbewahrung des anderweitig Erkannten und Beschlossenen leisten. *Velle non discitur* (Wollen läßt sich nicht lernen). Auf die Tugend, d. h. auf die Güte der Gesinnung, sind die abstrakten Dogmen in der That ohne Einfluß: die falschen stören sie nicht, und die wahren befördern sie schwerlich. Es wäre auch wahrlich sehr schlimm, wenn die Hauptsache des menschlichen Lebens, sein ethischer, für die Ewigkeit geltender Werth, von etwas abhienge, dessen Erlangung so sehr dem Zufall unterworfen ist, wie Dogmen, Glaubenslehren, Philosopheme. Die Dogmen haben für die Moralität bloß den Werth, daß der aus anderweitiger, bald zu erörternder Erkenntniß schon Tugendhafte an ihnen ein Schema, ein Formular hat, nach welchem er seiner eigenen Vernunft von seinem nichtegoistischen Thun, dessen Wesen sie, d.i. er selbst, nicht BEGREIFT, eine meistens nur fingirte Rechenschaft ablegt, bei welcher er sie gewöhnt hat sich zufrieden zu geben.

Zwar auf das HANDELN, das äußere Thun, können die Dogmen starken Einfluß haben, wie auch Gewohnheit und Beispiel (letztere, weil der gewöhnliche Mensch seinem Urtheil, dessen Schwäche er sich bewußt ist, nicht traut, sondern nur eigener oder fremder Erfahrung folgt); aber damit ist die Gesinnung nicht geändert*.

* Es sind bloße *opera operata* ([um des bloßen Verdienstes willen] verrichtete Werke), würde die Kirche sagen, die nichts helfen, wenn nicht die Gnade den Glauben schenkt, der zur Wiedergeburt führt. Davon weiter unten.

Alle abstrakte Erkenntniß giebt nur Motive: Motive aber können, wie oben gezeigt, nur die Richtung des Willens, nie ihn selbst ändern. Alle mittheilbare Erkenntniß kann auf den Willen aber nur als Motiv wirken: wie die Dogmen ihn also auch lenken, so ist dabei dennoch immer Das, was der Mensch eigentlich und überhaupt will, das selbe geblieben: bloß über die Wege, auf welchen es zu erlangen, hat er andere Gedanken erhalten, und imaginäre Motive leiten ihn gleich wirklichen. Daher z. B. ist es in Hinsicht auf seinen ethischen Werth gleich viel, ob er große Schenkungen an Hülflose macht, fest überredet in einem künftigen Leben alles zehnfach wieder zu erhalten, oder ob er die selbe Summe auf Verbesserung eines Landgutes verwendet, das zwar späte, aber desto sicherere und erklecklichere Zinsen tragen wird: – und ein Mörder, so gut wie der Bandit, welcher dadurch einen Lohn erwirbt, ist auch Der, welcher rechtgläubig den Ketzer den Flammen überliefert; ja sogar, nach inneren Umständen, auch Der, welcher die Türken im Gelobten Lande erwürgt, wenn er nämlich, wie auch Jener, es eigentlich darum thut, weil er sich dadurch einen Platz im Himmel zu erwerben vermeint. Denn nur für sich, für ihren Egoismus, wollen ja Diese sorgen, eben wie auch jener Bandit, von dem sie sich nur durch die Absurdität der Mittel unterscheiden. – Von Außen ist, wie schon gesagt, dem Willen immer nur durch Motive beizukommen: diese aber ändern bloß die Art wie er sich äußert, nimmermehr ihn selbst. *Velle non discitur.*

Bei guten Thaten, deren Ausüber sich auf Dogmen beruft, muß man aber immer unterscheiden, ob diese Dogmen auch wirklich das Motiv dazu sind, oder ob sie, wie ich oben sagte, nichts weiter, als die scheinbare Rechenschaft sind, durch die Jener seine eigene Vernunft zu befriedigen sucht, über eine aus ganz anderer Quelle fließende gute That, die er vollbringt, weil er GUT ist, aber nicht gehörig zu erklären versteht, weil er kein Philosoph ist, und dennoch etwas dabei denken möchte. Der Unterschied ist aber sehr schwer zu finden, weil er im Innern des Gemüthes liegt. Daher können wir fast nie das Thun Anderer und selten unser eigenes moralisch richtig beurtheilen. – Die Thaten und Handlungsweisen des Einzelnen und eines Volkes können durch Dogmen, Beispiel und Gewohnheit sehr modifizirt werden. Aber an sich sind alle Thaten (*opera operata*) bloß leere Bilder, und allein die Gesinnung, welche zu ihnen leitet, giebt ihnen moralische Bedeutsamkeit. Diese aber kann wirklich ganz die selbe seyn, bei sehr verschiedener äußerer Erscheinung. Bei gleichem Grade von Bosheit kann der Eine auf dem Rade, der Andere ruhig im Schooße der Seinigen sterben. Es kann derselbe Grad von Bosheit seyn, der sich bei EINEM Volke in groben Zügen, in Mord und Kannibalismus, beim ANDERN hingegen in Hofintriguen, Unterdrückungen und feinen Ränken aller Art fein und leise *en miniature* ausspricht: das Wesen bleibt das selbe. Es ließe sich denken, daß ein vollkommener Staat, oder sogar vielleicht auch ein vollkommen fest geglaubtes Dogma von Belohnungen und Strafen jenseits des Todes, jedes Verbrechen verhinderte: politisch wäre dadurch viel, moralisch nichts gewonnen, vielmehr nur die Abbildung des Willens durch das Leben gehemmt.

Die ächte Güte der Gesinnung, die uneigennützige Tugend und der reine Edelmuth gehen also nicht von abstrakter Erkenntniß aus, aber doch von Erkenntniß: nämlich von einer unmittelbaren und intuitiven, die nicht wegzuräsonniren und nicht anzuräsonniren ist, von einer Erkenntniß, die eben weil sie nicht abstrakt ist, sich auch nicht mittheilen läßt, sondern

Jedem selbst aufgehen muß, die daher ihren eigentlichen adäquaten Ausdruck nicht in Worten findet, sondern ganz allein in Thaten, im Handeln, im Lebenslauf des Menschen. Wir, die wir hier von der Tugend die Theorie suchen und daher auch das Wesen der ihr zum Grunde liegenden Erkenntniß abstrakt auszudrücken haben, werden dennoch in diesem Ausdruck nicht jene Erkenntniß selbst liefern können, sondern nur den Begriff derselben, wobei wir immer vom Handeln, in welchem allein sie sichtbar wird, ausgehen und auf dasselbe, als ihren allein adäquaten Ausdruck verweisen, welchen wir nur deuten und auslegen, d. h. abstrakt aussprechen, was eigentlich dabei vorgeht.

Bevor wir nun, im Gegensatz des dargestellten BÖSEN, von der eigentlichen GÜTE reden, ist, als Zwischenstufe, die bloße Negation des Bösen zu berühren: dieses ist die GERECHTIGKEIT. Was Recht und Unrecht sei, ist oben hinlänglich auseinandergesetzt: daher wir hier mit Wenigem sagen können, daß Derjenige, welcher jene bloß moralische Gränze zwischen Unrecht und Recht freiwillig anerkennt und sie gelten läßt, auch wo kein Staat oder sonstige Gewalt sie sichert, folglich, unserer Erklärung gemäß, nie in der Bejahung seines eigenen Willens bis zur Verneinung des in einem andern Individuo sich darstellenden geht,– GERECHT ist. Er wird also nicht, um sein eigenes Wohlseyn zu vermehren, Leiden über Andere verhängen: d.h. er wird kein Verbrechen begehen, wird die Rechte, wird das Eigenthum eines Jeden respectiren. – Wir sehen nun, daß einem solchen Gerechten, schon nicht mehr, wie dem Bösen, das *principium individuationis* eine absolute Scheidewand ist, daß er nicht, wie jener, nur seine eigene Willenserscheinung bejaht und alle anderen verneint, daß ihm Andere nicht bloße Larven sind, deren Wesen von dem seinigen ganz verschieden ist; sondern durch seine Handlungsweise zeigt er an, daß er sein eigenes Wesen, nämlich den Willen zum Leben als Ding an sich, auch in der fremden, ihm bloß als Vorstellung gegebenen Erscheinung WIEDERERKENNT, also sich selbst in jener wiederfindet, bis auf einen gewissen Grad, nämlich den des Nicht-Unrechtthuns, d.h. Nichtverletzens. In eben diesem Grade nun durchschaut er das *principium individuationis*, den Schleier der Maja: er setzt sofern das Wesen außer sich dem eigenen gleich: er verletzt es nicht.

In dieser Gerechtigkeit liegt, wenn man auf das Innerste derselben sieht, schon der Vorsatz, in der Bejahung des eigenen Willens nicht so weit zu gehen, daß sie die fremden Willenserscheinungen verneint, indem sie solche jenem zu dienen zwingt. Man wird daher eben so viel Anderen leisten wollen, als man von ihnen genießt. Der höchste Grad dieser Gerechtigkeit der Gesinnung, welcher aber immer schon mit der eigentlichen Güte, deren Charakter nicht mehr bloß negativ ist, gepaart ist, geht so weit, daß man seine Rechte auf ererbtes Eigenthum in Zweifel zieht, den Leib nur durch die eigenen Kräfte, geistige oder körperliche, erhalten will, jede fremde Dienstleistung, jeden Luxus als einen Vorwurf empfindet und zuletzt zur freiwilligen Armuth greift. So sehen wir den PASCAL, als er die asketische Richtung nahm, keine Bedienung mehr leiden wollen, obgleich er Dienerschaft genug hatte: seiner beständigen Kränklichkeit ungeachtet, machte er sein Bett selbst, holte selbst sein Essen aus der Küche u. s. w. (*Vie de Pascal par sa sœur,* S. 19.) Diesem ganz entsprechend wird berichtet, daß manche Hindu, sogar Radschahs, bei vielem Reichthum, diesen nur zum Unterhalt der Ihrigen, ihres Hofes und ihrer Dienerschaft verwenden und mit strenger Skrupulosität die Maxime befolgen, nichts zu essen, als was sie selbst eigenhändig gesäet und geerndtet haben. Ein gewisses Mißverständniß liegt dabei doch zum Grunde: denn der Einzelne kann, gerade weil er reich und mächtig ist, dem Ganzen der menschlichen Gesellschaft so beträchtliche Dienste leisten, daß sie dem ererbten Reichthum gleichwiegen, dessen Sicherung er der Gesellschaft verdankt. Eigentlich ist jene übermäßige Gerechtigkeit solcher Hindu schon mehr als Gerechtigkeit, nämlich wirkliche Entsagung, Verneinung des Willens zum Leben, Askese; von der wir zuletzt reden werden. Hingegen kann umgekehrt reines Nichtsthun und Leben durch die Kräfte Anderer, bei ererbtem Eigenthum, ohne irgend etwas zu leisten, doch schon als moralisch unrecht angesehen werden, wenn es auch nach positiven Gesetzen recht bleiben muß.

Wir haben gefunden, daß die freiwillige Gerechtigkeit ihren innersten Ursprung hat in einem gewissen Grad der Durchschauung des *principii individuationis*, während in diesem der Ungerechte ganz und gar befangen bleibt. Diese Durchschauung kann nicht nur in dem hiezu erforderlichen, sondern auch in höherm Grade Statt haben, welcher zum positiven Wohlwollen und Wohlthun, zur Menschenliebe treibt: und dies kann geschehen, wie stark und energisch an sich selbst auch der in solchem Individuo erscheinende Wille sei. Immer kann die Erkenntniß ihm das Gleichgewicht halten, der Versuchung zum Unrecht widerstehen lehren und selbst jeden Grad von Güte, ja von Resignation hervorbringen. Also ist keineswegs der gute Mensch für eine ursprünglich schwächere Willenserscheinung als der böse zu halten; sondern es ist die Erkenntniß, welche in ihm den blinden Willensdrang bemeistert. Es giebt zwar Individuen, welche bloß scheinen gutmüthig zu seyn, wegen der Schwäche des in ihnen erscheinenden Willens: was sie sind, zeigt sich aber bald daran, daß sie keiner beträchtlichen Selbstüberwindung fähig sind, um eine gerechte oder gute That auszuführen.

Wenn uns nun aber, als eine seltene Ausnahme, ein Mensch vorkommt, der etwan ein beträchtliches Einkommen besitzt, von diesem aber nur wenig für sich benutzt und alles Uebrige den Nothleidenden giebt, während er selbst viele Genüsse und Annehmlichkeiten entbehrt, und wir das Thun dieses Menschen uns zu verdeutlichen suchen; so werden wir, ganz absehend von den Dogmen, durch welche er etwan selbst sein Thun seiner Vernunft begreiflich machen will, als den einfachsten, allgemeinen Ausdruck und als den wesentlichen Charakter seiner Handlungsweise finden, daß er WENIGER, ALS SONST GESCHIEHT, EINEN UNTERSCHIED MACHT ZWISCHEN SICH UND ANDEREN. Wenn eben dieser Unterschied, in den Augen manches Andern, so groß ist, daß fremdes Leiden dem Boshaften unmittelbare Freude, dem Ungerechten ein willkommenes Mittel zum eigenen Wohlseyn ist; wenn der bloß Gerechte dabei stehen bleibt, es nicht zu verursachen; wenn überhaupt die meisten Menschen unzählige Leiden Anderer in ihrer Nähe wissen und kennen, aber sich nicht entschließen sie zu mildern, weil sie selbst einige Entbehrung dabei übernehmen müßten; wenn also Jedem von diesen Allen ein mächtiger Unterschied obzuwalten scheint zwischen dem eigenen Ich und dem fremden; so ist hingegen jenem Edlen, den wir uns denken, dieser Unterschied nicht so bedeutend; das *principium individuationis*, die Form der Erscheinung, befängt ihn nicht mehr so fest; sondern das Leiden, welches er an Anderen sieht, geht ihn fast so nahe an, wie sein eigenes: er sucht daher das Gleichgewicht zwischen beiden herzustellen, versagt sich Genüsse, übernimmt Entbehrungen, um fremde Leiden zu mildern. Er wird inne, daß der Unterschied zwischen ihm und Anderen, welcher dem Bösen eine so große Kluft ist, nur einer vergänglichen täuschenden Erscheinung angehört: er erkennt, unmittelbar und ohne Schlüsse, daß das Ansich seiner eigenen Erscheinung auch das der fremden ist, nämlich jener Wille zum Leben, welcher das Wesen jeglichen Dinges ausmacht und in Allem lebt: ja, daß dieses sich sogar auf die Thiere und die ganze Natur erstreckt: daher wird er auch kein Thier quälen*.

Er ist jetzt so wenig im Stande, Andere darben zu lassen, während er selbst Ueberflüssiges und Entbehrliches hat, wie irgend Jemand einen Tag Hunger leiden wird, um am folgenden mehr zu haben, als er genießen kann. Denn Jenem, der die Werke der Liebe übt, ist der Schleier der Maja durchsichtig geworden, und die Täuschung des *principii individuationis* hat ihn verlassen. Sich, sein Selbst, seinen Willen erkennt er in je-

* Das Recht des Menschen auf das Leben und die Kräfte der Thiere beruht darauf, daß, weil mit der Steigerung der Klarheit des Bewußtseyns das Leiden sich gleichmäßig steigert, der Schmerz, welchen das Thier durch den Tod, oder die Arbeit leidet, noch nicht so groß ist, wie der, welchen der Mensch durch die bloße Entbehrung des Fleisches, oder der Kräfte des Thieres leiden würde, der Mensch daher in der Bejahung seines Daseyns bis zur Verneinung des Daseyns des Thieres gehen kann, und der Wille zum Leben im Ganzen dadurch weniger Leiden trägt, als wenn man es umgekehrt hielte. Dies bestimmt zugleich den Grad des Gebrauchs, den der Mensch ohne Unrecht von den Kräften der Thiere machen darf, welchen man aber oft überschreitet, besonders bei Lastthieren und Jagdhunden; wogegen daher die Thätigkeit der Thier-Schutz-Gesellschaften besonders gerichtet ist. Auch erstreckt jenes Recht, meiner Ansicht nach, sich nicht auf Vivisektionen, zumal der oberen Thiere. Hingegen leidet das Insekt durch seinen Tod noch nicht so viel, wie der Mensch durch dessen Stich. – Die Hindu sehen dies nicht ein.

dem Wesen, folglich auch in dem Leidenden. Die Verkehrtheit ist von ihm gewichen, mit welcher der Wille zum Leben, sich selbst verkennend, hier in Einem Individuo flüchtige, gauklerische Wollüste genießt, und dafür dort in einem ANDERN leidet und darbt, und so Quaal verhängt und Quaal duldet, nicht erkennend, daß er, wie Thyestes, sein eigenes Fleisch gierig verzehrt, und dann hier jammert über unverschuldetes Leid und dort frevelt ohne Scheu vor der Nemesis, immer und immer nur weil er sich selbst verkennt in der fremden Erscheinung, und daher die ewige Gerechtigkeit nicht wahrnimmt, befangen im *principio individuationis*, also überhaupt in jener Erkenntnißart, welche der Satz vom Grunde beherrscht. Von diesem Wahn und Blendwerk der Maja geheilt seyn, und Werke der Liebe üben, ist Eins. Letzteres ist aber unausbleibliches Symptom jener Erkenntniß.

Das Gegentheil der Gewissenspein, deren Ursprung und Bedeutung oben erläutert worden, ist DAS GUTE GEWISSEN, die Befriedigung, welche wir nach jeder uneigennützigen That verspüren. Sie entspringt daraus, daß solche That, wie sie hervorgeht aus dem unmittelbaren Wiedererkennen unseres eigenen Wesens an sich auch in der fremden Erscheinung, uns auch wiederum die Beglaubigung dieser Erkenntniß giebt, der Erkenntniß, daß unser wahres Selbst nicht bloß in der eigenen Person, dieser einzelnen Erscheinung, da ist, sondern in Allem was lebt. Dadurch fühlt sich das Herz erweitert, wie durch den Egoismus zusammengezogen. Denn wie dieser unsern Antheil koncentrirt auf die einzelne Erscheinung des eigenen Individui, wobei die Erkenntniß uns stets die zahllosen Gefahren, welche fortwährend diese Erscheinung bedrohen, vorhält, wodurch Aengstlichkeit und Sorge der Grundton unserer Stimmung wird; so verbreitet die Erkenntniß, daß alles

Lebende eben so wohl unser eigenes Wesen an sich ist, wie die eigene Person, unsern Antheil auf alles Lebende: hiedurch wird das Herz erweitert. Durch den also verminderten Antheil am eigenen Selbst wird die ängstliche Sorge für dasselbe in ihrer Wurzel angegriffen und beschränkt: daher die ruhige, zuversichtliche Heiterkeit, welche tugendhafte Gesinnung und gutes Gewissen giebt, und das deutlichere Hervortreten derselben bei jeder guten That, indem diese den Grund jener Stimmung uns selber beglaubigt. Der Egoist fühlt sich von fremden und feindlichen Erscheinungen umgeben, und alle seine Hoffnung ruht auf dem eigenen Wohl. Der Gute lebt in einer Welt befreundeter Erscheinungen: das Wohl einer jeden derselben ist sein eigenes. Wenn daher gleich die Erkenntniß des Menschenlooses überhaupt seine Stimmung nicht zu einer fröhlichen macht, so giebt die bleibende Erkenntniß seines eigenen Wesens in allem Lebenden ihm doch eine gewisse Gleichmäßigkeit und selbst Heiterkeit der Stimmung. Denn der über unzählige Erscheinungen verbreitete Antheil kann nicht so beängstigen, wie der auf EINE koncentrirte. Die Zufälle, welche die Gesammtheit der Individuen treffen, gleichen sich aus, während die dem Einzelnen begegnenden Glück oder Unglück herbeiführen.

Wenn nun also Andere Moralprincipien aufstellten, die sie als Vorschriften zur Tugend und nothwendig zu befolgende Gesetze hingaben, ich aber, wie schon gesagt, dergleichen nicht kann, indem ich dem ewig freien Willen kein Soll noch Gesetz vorzuhalten habe; so ist dagegen, im Zusammenhange meiner Betrachtung, das jenem Unternehmen gewissermaaßen Entsprechende und Analoge jene rein theoretische Wahrheit, als deren bloße Ausführung auch das Ganze meiner Darstellung angesehen werden kann, daß nämlich der Wille das Ansich jeder Erscheinung, selbst aber, als solches, von den Formen dieser und dadurch von der Vielheit frei ist: welche Wahrheit ich, in Bezug auf das Handeln, nicht würdiger auszudrücken weiß, als durch die schon erwähnte Formel des Veda: «*Tat twam asi*» («Dieses bist Du!») Wer sie mit klarer Erkenntniß und fester inniger Ueberzeugung über jedes Wesen, mit dem er in Berührung kommt, zu sich selber auszusprechen vermag; der ist eben damit aller Tugend und Säligkeit gewiß und auf dem geraden Wege zur Erlösung.

Bevor ich nun aber weiter gehe und, als das Letzte meiner Darstellung zeige, wie die Liebe, als deren Ursprung und Wesen wir die Durchschauung des *principii individuationis* erkennen, zur Erlösung, nämlich zum gänzlichen Aufgeben des Willens zum Leben, d.h. alles Wollens, führt, und auch, wie ein anderer Weg, minder sanft, jedoch häufiger, den Menschen eben dahin bringt, muß zuvor hier ein paradoxer Satz ausgesprochen und erläutert werden, nicht weil er ein solcher, sondern weil er wahr ist und zur Vollständigkeit meines darzulegenden Gedankens gehört. Es ist dieser: «Alle Liebe (*αγαπη, caritas*) ist Mitleid.»

Wir haben gesehen, wie aus der Durchschauung des *principii individuationis* im geringern Grade die Gerechtigkeit, im höhern die eigentliche Güte der Gesinnung hervorgieng, welche sich als reine, d. h. uneigennützige Liebe gegen Andere zeigte. Wo nun diese vollkommen wird, setzt sie das fremde Individuum und sein Schicksal dem eigenen völlig gleich: weiter kann sie nie gehen, da kein Grund vorhanden ist, das fremde Individuum dem eigenen vorzuziehen. Wohl aber kann die

Mehrzahl der fremden Individuen, deren ganzes Wohlseyn oder Leben in Gefahr ist, die Rücksicht auf das eigene Wohl des Einzelnen überwiegen. In solchem Falle wird der zur höchsten Güte und zum vollendeten Edelmuth gelangte Charakter sein Wohl und sein Leben gänzlich zum Opfer bringen für das Wohl vieler Anderen: so starb Kodros, so Leonidas, so Regulus, so Decius Mus, so Arnold von Winkelried, so Jeder, der freiwillig und bewußt für die Seinigen, für das Vaterland, in den gewissen Tod geht. Auch steht auf dieser Stufe Jeder, der zur Behauptung Dessen, was der gesammten Menschheit zum Wohle gereicht und rechtmäßig angehört, d.h. für allgemeine, wichtige Wahrheiten und für Vertilgung großer Irrthümer, Leiden und Tod willig übernimmt: so starb Sokrates, so Jordanus Brunus, so fand mancher Held der Wahrheit den Tod auf dem Scheiterhaufen, unter den Händen der Priester.

Nunmehr aber habe ich, in Hinsicht auf das oben ausgesprochene Paradoxon, daran zu erinnern, daß wir früher dem Leben im Ganzen das Leiden wesentlich und von ihm unzertrennlich gefunden haben, und daß wir einsahen, wie jeder Wunsch aus einem Bedürfniß, einem Mangel, einem Leiden hervorgeht, daß daher jede Befriedigung nur ein hinweggenommener Schmerz, kein gebrachtes positives Glück ist, daß die Freuden zwar dem Wunsche lügen, sie wären ein positives Gut, in Wahrheit aber nur negativer Natur sind und nur das Ende eines Uebels. Was daher auch Güte, Liebe und Edelmuth für Andere thun, ist immer nur Linderung ihrer Leiden, und folglich ist was sie bewegen kann zu guten Thaten und Werken der Liebe, immer nur die ERKENNTNISS DES FREMDEN LEIDENS, aus dem eigenen unmittelbar verständlich und diesem gleichgesetzt. Hieraus aber ergiebt sich, daß die reine

Liebe *(αγαπη, caritas)* ihrer Natur nach Mitleid ist; das Leiden, welches sie lindert, mag nun ein großes oder ein kleines, wohin jeder unbefriedigte Wunsch gehört, seyn. Wir werden daher keinen Anstand nehmen, im geraden Widerspruch mit Kant, der alles wahrhaft Gute und alle Tugend allein für solche anerkennen will, wenn sie aus der abstrakten Reflexion und zwar dem Begriffe der Pflicht und des kategorischen Imperativs hervorgegangen ist, und der gefühltes Mitleid für Schwäche, keineswegs für Tugend erklärt, – im geraden Widerspruch mit Kant zu sagen: der bloße Begriff ist für die ächte Tugend so unfruchtbar, wie für die ächte Kunst: alle wahre und reine Liebe ist Mitleid, und jede Liebe, die nicht Mitleid ist, ist Selbstsucht. Selbstsucht ist der *ερως*, Mitleid ist die *αγαπη*. Mischungen von beiden finden häufig Statt. Sogar die ächte Freundschaft ist immer Mischung von Selbstsucht und Mitleid: erstere liegt im Wohlgefallen an der Gegenwart des Freundes, dessen Individualität der unserigen entspricht, und sie macht fast immer den größten Theil aus; Mitleid zeigt sich in der aufrichtigen Theilnahme an seinem Wohl und Wehe und den uneigennützigen Opfern, die man diesem bringt. Sogar Spinoza sagt: *Benevolentia nihil aliud est, quam cupiditas ex commiseratione orta.* (Das Wohlwollen ist nichts anderes als ein aus dem Mitleid entsprungenes Verlangen. Spinoza, Eth. III, pr. 27, cor. 3, schol.) Als Bestätigung unseres paradoxen Satzes mag man bemerken, daß Ton und Worte der Sprache und Liebkosungen der reinen Liebe ganz zusammenfallen mit dem Tone des Mitleids; beiläufig auch, daß im Italiänischen Mitleid und reine Liebe durch das selbe Wort *pietà* bezeichnet werden.

Auch ist hier die Stelle zur Erörterung einer der auffallendesten Eigenheiten der menschlichen Natur, des Weinens, welches, wie das Lachen, zu den Aeußerungen gehört, die ihn vom Thiere unterscheiden. Das Weinen ist keineswegs geradezu Aeußerung des Schmerzes: denn bei den wenigsten Schmerzen wird geweint. Meines Erachtens weint man sogar nie unmittelbar über den empfundenen Schmerz, sondern immer nur über dessen Wiederholung in der Reflexion. Man geht nämlich von dem empfundenen Schmerz, selbst wann er körperlich ist, über zu einer bloßen Vorstellung desselben, und findet dann seinen eigenen Zustand so bemitleidenswerth, daß, wenn ein Anderer der Dulder wäre, man voller Mitleid und Liebe ihm helfen zu werden fest und aufrichtig überzeugt ist: nun aber ist man selbst der Gegenstand seines eigenen aufrichtigen Mitleids; mit der hülfreichsten Gesinnung ist man selbst der Hülfsbedürftige, fühlt, daß man mehr duldet, als man einen Andern dulden sehen könnte, und in dieser sonderbar verflochtenen Stimmung, wo das unmittelbar gefühlte Leid erst auf einem doppelten Umwege wieder zur Perception kommt, als fremdes vorgestellt, als solches mitgefühlt und dann plötzlich wieder als unmittelbar eigenes wahrgenommen wird, – schafft sich die Natur durch jenen sonderbaren körperlichen Krampf Erleichterung. – Das Weinen ist demnach Mitleid mit sich selbst, oder das auf seinen Ausgangspunkt zurückgeworfene Mitleid. Es ist daher durch Fähigkeit zur Liebe und zum Mitleid und durch Phantasie bedingt: daher weder hartherzige, noch phantasielose Menschen leicht weinen, und das Weinen sogar immer als Zeichen eines gewissen Grades von Güte des Charakters angesehen wird und den Zorn entwaffnet, weil man fühlt, daß wer noch weinen kann, auch nothwendig der Liebe, d. h. des Mitleids gegen Andere fähig seyn muß, eben weil dieses, auf die beschriebene Weise, in jene zum Weinen führende Stimmung eingeht. – Ganz der aufgestellten Erklärung gemäß ist die Beschreibung, welche Petrarka, sein Gefühl naiv und wahr aussprechend, vom Entstehen seiner eigenen Thränen macht:

I vo pensando: e nel pensar m'assale
Una pietà si forte di me stesso,
Che mi conduce spesso,
*Ad alto lagrimar, ch' i non soleva**.

Auch bestätigt sich das Gesagte dadurch, daß Kinder, die einen Schmerz erlitten, meistens erst dann weinen, wenn man sie beklagt, also nicht über den Schmerz, sondern über die Vorstellung desselben. – Wann wir nicht durch eigene, sondern durch fremde Leiden zum Weinen bewegt werden; so geschieht dies dadurch, daß wir uns in der Phantasie lebhaft an die Stelle des Leidenden versetzen, oder auch in seinem Schicksal das Loos der ganzen Menschheit und folglich vor Allem unser eigenes erblicken, und also durch einen weiten Umweg immer doch wieder über uns selbst weinen, Mitleid mit uns selbst empfinden. Dies scheint auch ein Hauptgrund des durchgängigen, also natürlichen WEINENS bei Todesfällen zu seyn. Es ist nicht sein Verlust, den der Trauernde beweint: solcher egoistischer Thränen würde man sich schämen; statt daß er bisweilen sich schämt, nicht zu weinen. Zunächst beweint er freilich das Loos des Gestorbenen: jedoch weint er auch, wann diesem, nach langen, schweren und unheilbaren Leiden, der Tod eine wünschenswerthe Erlösung war. Hauptsächlich also ergreift ihn Mitleid über das Loos der gesammten

* Im Nachsinnen befällt mich ein SO STARKES MITLEID MIT MIR SELBER, daß ich oft laut weinen muß; was ich doch sonst nicht pflegte. (Petrarca, Il Canzoniere, canzone 21)

Menschheit, welche der Endlichkeit anheimgefallen ist, der zufolge jedes so strebsame, oft so thatenreiche Leben verlöschen und zu nichts werden muß: in diesem Loose der Menschheit aber erblickt er vor Allem sein eigenes, und zwar um so mehr, je näher ihm der Verstorbene stand, daher am meisten, wenn es sein Vater war. Wenn auch diesem durch Alter und Krankheit das Leben eine Quaal und durch seine Hülflosigkeit dem Sohn eine schwere Bürde war; so weint er doch heftig über den Tod des Vaters: aus dem angegebenen Grunde.

Ueber die Grundlage der Moral

Antimoralische Triebfedern.*

Die Haupt- und Grundtriebfeder im Menschen, wie im Thiere, ist der EGOISMUS, d. h. der Drang zum Daseyn und Wohlseyn. – Das Deutsche Wort SELBSTSUCHT führt einen falschen Nebenbegriff von Krankheit mit sich. Das Wort EIGENNUTZ aber bezeichnet den Egoismus, sofern er unter Leitung der Vernunft steht, welche ihn befähigt, vermöge der Reflexion, seine Zwecke PLANMÄSSIG zu verfolgen; daher man die Thiere wohl egoistisch, aber nicht eigennützig nennen kann. Ich will also für den allgemeinern Begriff das Wort EGOISMUS beibehalten. –

Dieser EGOISMUS ist, im Thiere, wie im Menschen, mit dem innersten Kern und Wesen desselben aufs genaueste verknüpft, ja, eigentlich identisch. Daher entspringen, in der Regel, alle seine Handlungen aus dem Egoismus, und aus diesem zunächst ist alle Mal die Erklärung einer gegebenen Handlung zu versuchen; wie denn auch auf denselben die Berechnung aller Mittel, dadurch man den Menschen nach irgend einem Ziele hinzulenken sucht, durchgängig gegründet ist. Der EGOISMUS ist, seiner Natur nach, gränzenlos: der Mensch will

* Ich erlaube mir die regelwidrige Zusammensetzung des Wortes, da «antiethisch» hier nicht bezeichnend seyn würde. Das jetzt in Mode gekommene «sittlich und unsittlich» aber ist ein schlechtes Substitut für «moralisch und unmoralisch»: erstlich, weil «moralisch» ein wissenschaftlicher Begriff ist, dem als solchem eine Griechische oder Lateinische Bezeichnung gebührt; und zweitens, weil «sittlich» ein schwacher und zahmer Ausdruck ist, schwer zu unterscheiden, von «sittsam», dessen populäre Benennung «zimperlich» ist. Der Deutschthümelei muß man keine Koncessionen machen.

unbedingt sein Daseyn erhalten, will es von Schmerzen, zu denen auch aller Mangel und Entbehrung gehört, unbedingt frei, will die größtmögliche Summe von Wohlseyn, und will jeden Genuß, zu dem er fähig ist, ja, sucht wo möglich noch neue Fähigkeiten zum Genusse in sich zu entwickeln. Alles, was sich dem Streben seines Egoismus entgegenstellt, erregt seinen Unwillen, Zorn, Haß: er wird es als seinen Feind zu vernichten suchen. Er will wo möglich Alles genießen. Alles haben; da aber dies unmöglich ist, wenigstens Alles beherrschen: «Alles für mich, und nichts für die Andern», ist sein Wahlspruch. Der Egoismus ist kolossal: er überragt die Welt. Denn, wenn jedem Einzelnen die Wahl gegeben würde zwischen seiner eigenen und der übrigen Welt Vernichtung; so brauche ich nicht zu sagen, wohin sie, bei den Allermeisten, ausschlagen würde. Demgemäß macht Jeder sich zum Mittelpunkte der Welt, bezieht Alles auf sich und wird was nur vorgeht, z. B. die größten Veränderungen im Schicksale der Völker, zunächst auf SEIN Interesse dabei beziehen und, sei dieses auch noch so klein und mittelbar, vor Allem daran denken. Keinen größern Kontrast giebt es, als den zwischen dem hohen und exklusiven Antheil, den Jeder an seinem eigenen Selbst nimmt, und der Gleichgültigkeit, mit der in der Regel alle Andern eben jenes Selbst betrachten; wie er ihres. Es hat sogar seine komische Seite, die zahllosen Individuen zu sehen, deren jedes, wenigstens in praktischer Hinsicht, sich allein für REAL hält und die andern gewissermaaßen als bloße Phantome betrachtet. Dies beruht zuletzt darauf, daß Jeder sich selber UNMITTELBAR gegeben ist, die Andern aber ihm nur MITTELBAR, durch die Vorstellung von ihnen in seinem Kopfe: und die Unmittelbarkeit behauptet ihr Recht. Nämlich in Folge der jedem Bewußtseyn wesentlichen Subjektivität, ist Jeder sich selber die ganze Welt: denn alles Objektive existirt nur mittelbar, als bloße Vorstellung des Subjekts; so daß stets Alles am Selbstbewußtseyn hängt. Die einzige Welt, welche Jeder wirklich kennt und von der er weiß, trägt er in sich, als seine Vorstellung, und ist daher das Centrum derselben. Deshalb eben ist Jeder sich Alles in allem: er findet sich als den Inhaber aller Realität und kann ihm nichts wichtiger seyn, als er selbst. Während nun in seiner subjektiven Ansicht sein Selbst sich in dieser kolossalen Größe darstellt, schrumpft es in der objektiven beinahe zu Nichts ein, nämlich zu ungefähr 1/1000 000 000 der jetzt lebenden Menschheit. Dabei nun weiß er völlig gewiß, daß eben jenes über Alles wichtige Selbst, dieser Mikrokosmos, als dessen bloße Modifikation, oder Accidenz, der Makrokosmos auftritt, also seine ganze Welt, untergehen muß im Tode, der daher für ihn gleichbedeutend ist mit dem Weltuntergange. Dieses also sind die Elemente, woraus, auf der Basis des Willens zum Leben, der Egoismus erwächst, welcher zwischen Mensch und Mensch stets wie ein breiter Graben liegt. Springt wirklich ein Mal Einer darüber, dem Andern zu Hülfe, so ist es wie ein Wunder, welches Staunen erregt und Beifall einärntet. Oben bei Erläuterung des Kantischen Moralprincips, habe ich Gelegenheit gehabt, auszuführen, wie der Egoismus sich im Alltagsleben zeigt, wo er, trotz der Höflichkeit, die man ihm als Feigenblatt vorsteckt, doch stets aus irgend einer Ecke hervorguckt. Die Höflichkeit nämlich ist die konventionelle und systematische Verleugnung des Egoismus in den Kleinigkeiten des täglichen Verkehrs und ist freilich anerkannte Heuchelei: dennoch wird sie gefordert und gelobt; weil was sie verbirgt, der Egoismus, so garstig ist, daß man es nicht sehen will, obschon man weiß, daß es da ist: wie man widerliche Gegenstände wenigstens durch einen Vorhang bedeckt wissen will. – Da der Egoismus, wo ihm nicht entweder äußere Gewalt, welcher auch jede Furcht, sei sie vor irdischen oder überirdischen Mächten, beizuzählen ist, oder aber die ächte moralische Triebfeder entgegenwirkt, seine Zwecke unbedingt verfolg; so würde, bei der zahllosen Menge egoistischer Individuen, das *bellum omnium contra omnes* (der Krieg aller gegen alle; Hobbes, Leviathan, I, 13) an der Tagesordnung seyn, zum Unheil Aller. Daher die reflektirende Vernunft sehr bald die Staatseinrichtung erfindet, welche, aus gegenseitiger Furcht vor gegenseitiger Gewalt entspringend, den nachtheiligen Folgen des allgemeinen Egoismus so weit vorbeugt, als es auf dem NEGATIVEN Wege geschehen kann. Wo hingegen jene zwei ihm entgegenstehenden Potenzen nicht zur Wirksamkeit gelangen, wird er sich sofort in seiner ganzen furchtbaren Größe zeigen, und das Phänomen wird kein schönes seyn. Indem ich, um ohne Weitläufigkeit die Stärke dieser antimoralischen Potenz auszudrücken, darauf bedacht war, die Größe des Egoismus mit Einem Zuge zu bezeichnen und deshalb nach irgend einer recht emphatischen Hyperbel suchte, bin ich zuletzt auf diese gerathen: mancher Mensch wäre im Stande, einen andern todtzuschlagen, bloß um mit dessen Fette sich die Stiefel zu schmieren. Aber dabei blieb mir doch der Skrupel, ob es auch wirklich eine Hyperbel sei. – Der EGOISMUS also ist die erste und hauptsächlichste, wiewohl nicht die einzige Macht, welche DIE MORALISCHE TRIEBFEDER zu bekämpfen hat. Man sieht schon hier, daß diese, um wider einen solchen Gegner aufzutreten, etwas Realeres seyn muß, als eine spitzfindige Klügelei, oder eine aprioristische Seifenblase. – Inzwischen ist im Kriege das Erste, daß man den Feind rekognoscirt. In dem bevorstehenden Kampfe wird der EGOISMUS, als die Hauptmacht seiner Seite, vorzüglich sich der

Tugend der GERECHTIGKEIT entgegenstellen, welche, nach meiner Ansicht, die erste und recht eigentliche Kardinaltugend ist.

Hingegen wird der Tugend der MENSCHENLIEBE öfter das UEBELWOLLEN oder die GEHÄSSIGKEIT gegenübertreten. Daher wollen wir den Ursprung und die Gradationen dieser zunächst betrachten. Das UEBELWOLLEN in den niederen Graden ist sehr häufig, ja, fast gewöhnlich, und es erreicht leicht die höheren. GOETHE hat wohl Recht zu sagen, daß in dieser Welt Gleichgültigkeit und Abneigung recht eigentlich zu Hause sind. (Wahlverwandtschaften, 1. Teil, Kapitel 3, Schluß). Es ist sehr glücklich für uns, daß Klugheit und Höflichkeit ihren Mantel darüber decken und uns nicht sehen lassen, wie allgemein das gegenseitige Uebelwollen ist und wie das *bellum omnium contra omnes* wenigstens in Gedanken fortgesetzt wird. Aber gelegentlich kommt es doch zum Vorschein, z. B. bei der so häufigen und so schonungslosen übeln Nachrede: ganz sichtbar aber wird es bei den Ausbrüchen des Zorns, welche meistens ihren Anlaß um ein Vielfaches übersteigen und so stark nicht ausfallen könnten, wenn sie nicht, wie das Schießpulver in der Flinte, komprimirt gewesen wären, als lange gehegter im Innern brütender Haß. – Großentheils entsteht das Uebelwollen aus den unvermeidlichen und bei jedem Schritt eintretenden Kollisionen des Egoismus. Sodann wird es auch objektiv erregt, durch den Anblick der Laster, Fehler, Schwächen, Thorheiten, Mängel und Unvollkommenheiten aller Art, welchen, mehr oder weniger Jeder den Andern, wenigstens gelegentlich, darbietet. Es kann hiemit so weit kommen, daß vielleicht Manchem, zumal in Augenblicken hypochondrischer Verstimmung, die Welt, von der ästhetischen Seite betrachtet, als ein Karikaturenkabinet, von der intellektuellen, als ein Narrenhaus, und von der moralischen, als eine Gaunerherberge erscheint. Wird solche Verstimmung bleibend; so entsteht Misanthropie. – Endlich ist eine Hauptquelle des Uebelwollens der NEID; oder vielmehr dieser selbst ist schon Uebelwollen, erregt durch fremdes Glück, Besitz oder Vorzüge. Kein Mensch ist ganz frei davon, und schon Herodot (III, 80) hat es gesagt: *Φϑονος ἀρχηϑεν ἐμφυεται ἀνϑρωπῳ* (Der Neid ist von Anfang an dem Menschen eingeboren). Jedoch sind die Grade desselben sehr verschieden. Am unversöhnlichsten und giftigsten ist er, wann auf persönliche Eigenschaften gerichtet, weil hier dem Neider keine Hoffnung bleibt, und zugleich am niederträchtigsten; weil er haßt, was er lieben und verehren sollte; allein es ist so:

Di lor par più, che d'altri, invidia s'abbia,
Che per se stessi son levati a volo,
*Uscendo fuor della commune gabbia.**

klagt schon Petrarka. Ausführlichere Betrachtungen über den Neid findet man im zweiten Bande der Parerga. – In gewissem Betracht ist das Gegentheil des Neides die SCHADENFREUDE. Jedoch ist Neid zu fühlen, menschlich; Schadenfreude zu genießen, teuflisch. Es giebt kein unfehlbareres Zeichen eines ganz schlechten Herzens und tiefer moralischer Nichtswürdigkeit, als einen Zug reiner, herzlicher Schadenfreude. Man soll Den, an welchem man ihn wahrgenommen, auf immer meiden: *Hic niger est, hunc tu, Romane, caveto* (Dieser ist

* Man scheinet, mehr als Andre, Die zu neiden,
Die, durch der eig'nen Flügel Kraft gehoben
Aus dem gemeinen Käfig Aller scheiden.
(Petrarca, Trionfo del Tempo, 91 ff.)

schwarz, den sollst du meiden, Römer; Horaz, Saturae, I, 4, 85). – Neid und Schadenfreude sind an sich bloß theoretisch: praktisch werden sie Bosheit und Grausamkeit. Der Egoismus kann zu Verbrechen und Unthaten aller Art führen: aber der dadurch verursachte Schaden und Schmerz Anderer ist ihm bloß Mittel, nicht Zweck, tritt also nur accidentell dabei ein. Der Bosheit und Grausamkeit hingegen sind die Leiden und Schmerzen Anderer Zweck an sich und dessen Erreichen Genuß. Dieserhalb machen jene eine höhere Potenz moralischer Schlechtigkeit aus. Die Maxime des äußersten Egoismus ist: *Neminem juva, imo omnes, si forte conducit* (also immer noch bedingt), *laede.* (Hilf niemandem, vielmehr verletzte alle, wenn es dir gerade nützt.) Die Maxime der Bosheit ist: *Omnes, quantum potes, laede.* (Verletze alle, so sehr du kannst.) – Wie Schadenfreude nur theoretische Grausamkeit ist, so Grausamkeit nur praktische Schadenfreude, und diese wird als jene auftreten, sobald die Gelegenheit kommt.

Die aus den beiden angegebenen Grundpotenzen entspringenden speciellen Laster nachzuweisen, wäre nur in einer ausgeführten Ethik an seinem Platz. Eine solche würde etwan aus dem EGOISMUS ableiten Gier, Völlerei, Wollust, Eigennutz, Geiz, Habsucht, Ungerechtigkeit, Hartherzigkeit, Stolz, Hoffahrt u. s. w. – aus der GEHÄSSIGKEIT aber Missgunst, Neid, Uebelwollen, Bosheit, Schadenfreude, spähende Neugier, Verläumdung, Insolenz, Petulanz, Haß, Zorn, Verrath, Tücke, Rachsucht, Grausamkeit u. s. w. – Die erste Wurzel ist mehr thierisch, die zweite mehr teuflisch. Das Vorwalten der einen, oder der andern, oder aber der weiterhin erst nachzuweisenden moralischen Triebfeder, giebt die Hauptlinie in der ethischen Klassifikation der Charaktere. Ganz ohne etwas von allen dreien ist kein Mensch.

Hiemit hätte ich denn die allerdings erschreckliche Heerschau der antimoralischen Potenzen beendigt, welche an die der Fürsten der Finsterniß im Pandämonium bei MILTON erinnert. Mein Plan brachte es jedoch mit sich, daß ich zuerst diese düstere Seite der menschlichen Natur in Betracht nähme, wodurch mein Weg freilich von dem aller andern Moralisten abweicht und dem des DANTE ähnlich wird, der zuerst in die Hölle führt.

Durch die hier gegebene Uebersicht der antimoralischen Potenzen wird deutlich, wie schwer das Problem ist, eine Triebfeder aufzufinden, die den Menschen zu einer, allen jenen tief in seiner Natur wurzelnden Neigungen entgegengesetzten Handlungsweise bewegen könnte, oder, wenn etwan diese letztere in der Erfahrung gegeben wäre, von ihr genügende und ungekünstelte Rechenschaft ertheilte. So schwer ist das Problem, daß man zu seiner Lösung für die Menschheit im Großen überall die Maschinerie aus einer andern Welt hat zu Hülfe nehmen müssen. Man deutete auf Götter hin, deren Wille und Gebot die hier geforderte Handlungsweise wäre, und welche diesem Gebot, durch Strafen und Belohnungen, entweder in dieser oder in einer andern Welt, wohin wir durch den Tod versetzt würden, Nachdruck ertheilten. Angenommen, daß der Glaube an eine Lehre dieser Art, wie es durch sehr frühzeitiges Einprägen allerdings möglich ist, allgemein Wurzel faßte, und auch, was aber sehr viel schwerer hält und viel weniger Bestätigung in der Erfahrung aufzuweisen hat, daß er die beabsichtigte Wirkung hervorbrächte; so würde dadurch zwar Legalität der Handlungen selbst über die Gränze hinaus, bis zu welcher Justiz und Polizei reichen können, zu Wege gebracht seyn: aber Jeder fühlt, daß es keineswegs Dasjenige wäre, was wir eigentlich unter Moralität der

Gesinnung verstehen. Denn offenbar würden alle durch Motive SOLCHER ART hervorgerufene Handlungen immer nur im bloßen Egoismus wurzeln. Wie sollte nämlich von Uneigennützigkeit die Rede seyn können, wo mich Belohnung lockt, oder angedrohte Strafe abschreckt? Eine festgeglaubte Belohnung in einer andern Welt ist anzusehen, wie ein vollkommen sicherer, aber auf sehr lange Sicht ausgestellter Wechsel. Die überall so häufige Verheißung befriedigter Bettler, daß dem Geber die Gabe in jener Welt tausendfach erstattet werden wird, mag manchen Geizhals zu reichlichem Almosen bewegen, die er, als gute Geldanlegung, vergnügt austheilt, fest überzeugt, nun auch in jener Welt sogleich wieder als ein steinreicher Mann aufzuerstehen. – Für die große Masse des Volkes muß es vielleicht bei Antrieben dieser Art sein Bewenden haben: demgemäß denn auch die verschiedenen Religionen, welche eben die Metaphysik des Volkes sind, sie ihm vorhalten. Hiebei ist jedoch anzumerken, daß wir über die wahren Motive unsers eigenen Thuns bisweilen eben so sehr im Irrthum sind, wie über die des fremden: daher zuverlässig Mancher, indem er von seinen edelsten Handlungen nur durch Motive obiger Art sich Rechenschaft zu geben weiß, dennoch aus viel edleren und reineren, aber auch viel schwerer deutlich zu machenden Triebfedern handelt und wirklich aus unmittelbarer Liebe des Nächsten thut, was er bloß durch seines Gottes Geheiß zu erklären versteht. Die Philosophie hingegen sucht hier, wie überall, die wahren, letzten, auf die Natur des Menschen gegründeten, von allen mythischen Auslegungen, religiösen Dogmen und transscendenten Hypostasen unabhängigen Aufschlüsse über das vorliegende Problem, und verlangt sie in der äußern oder innern Erfahrung nachgewiesen zu sehen. Unsere vorliegende Aufgabe aber ist eine philosophische; daher wir von allen durch Religionen bedingten Auflösungen derselben gänzlich abzusehen haben, an welche ich, bloß um die große Schwierigkeit des Problems ins Licht zu stellen, hier erinnert habe.

Kriterium der Handlungen von moralischem Werth.

Jetzt wäre zunächst die empirische Frage zu erledigen, ob Handlungen freiwilliger Gerechtigkeit und uneigennütziger Menschenliebe, die alsdann bis zum Edelmuth und Großmuth gehen mag, in der Erfahrung vorkommen. Leider läßt die Frage sich doch nicht ganz rein empirisch entscheiden; weil in der Erfahrung allemal nur die THAT gegeben ist, die ANTRIEBE aber nicht zu Tage liegen: daher stets die Möglichkeit übrig bleibt, daß auf eine gerechte, oder gute Handlung ein egoistisches Motiv Einfluß gehabt hätte. Ich will mich nicht des unerlaubten Kunstgriffs bedienen, hier, in einer theoretischen Untersuchung, die Sache dem Leser ins Gewissen zu schieben. Aber ich glaube, daß sehr Wenige seyn werden, die es bezweifeln und nicht aus eigener Erfahrung die Ueberzeugung haben, daß man oft gerecht handelt, einzig und allein damit dem Andern kein Unrecht geschehe, ja, daß es Leute giebt, denen gleichsam der Grundsatz, dem Andern sein Recht widerfahren zu lassen, ANGEBOREN ist, die daher Niemanden absichtlich zu nahe treten, die ihren Vortheil nicht unbedingt suchen, sondern dabei auch die Rechte Anderer berücksichtigen, die, bei gegenseitig übernommenen Verpflichtungen, nicht bloß darüber wachen, daß der Andere das Seinige LEISTE, sondern auch darüber, daß er das Seinige EMPFANGE, indem sie aufrichtig nicht wollen, daß wer mit ihnen handelt, zu kurz komme. Dies sind DIE WAHRHAFT EHRLICHEN

Leute, die wenigen *Aequi* (Gerechten) unter der Unzahl der *Iniqui* (Ungerechten). Aber solche Leute giebt es. Imgleichen wird man mir, denke ich, zugestehen, daß mancher hilft und giebt, leistet und entsagt, ohne in seinem Herzen eine weitere Absicht zu haben, als daß dem Andern, dessen Noth er sieht, geholfen werde. Und daß Arnold von Winkelried, als er ausrief: «Trüwen, lieben Eidgenossen, wullt's minem Wip und Kinde gedenken», und dann so viele feindliche Speere umarmte, als er fassen konnte, – dabei eine eigennützige Absicht gehabt habe; das denke sich, wer es kann: ich vermag es nicht. – Auf Fälle freier Gerechtigkeit, die ohne Schikane und Obstination nicht abzuleugnen sind, habe ich schon oben aufmerksam gemacht. – Sollte aber dennoch Jemand darauf bestehen, mir das Vorkommen aller solcher Handlungen abzuleugnen; dann würde, ihm zufolge die Moral eine Wissenschaft ohne reales Objekt seyn, gleich der Astrologie und Alchimie, und es wäre verlorene Zeit, über ihre Grundlage noch ferner zu disputiren. Mit ihm wäre ich daher zu Ende und rede zu Denen, welche die Realität der Sache einräumen.

Handlungen der besagten Art sind es also allein, denen man eigentlichen moralischen Werth zugesteht. Als das Eigenthümliche und Charakteristische derselben finden wir die Ausschließung derjenigen Art von Motiven, durch welche sonst alle menschliche Handlungen hervorgerufen werden, nämlich der eigennützigen, im weitesten Sinne des Worts. Daher eben die Entdeckung eines eigennützigen Motivs, wenn es das einzige war, den moralischen Werth einer Handlung ganz aufhebt, und wenn es accessorisch wirkte, ihn schmälert. Die Abwesenheit aller egoistischen Motivation ist also das kriterium einer handlung von moralischem werth. Zwar ließe sich einwenden, daß auch die Handlungen reiner Bosheit und Grausamkeit nicht EIGENNÜTZIG sind: jedoch liegt am Tage, daß diese hier nicht gemeint seyn können, da sie das Gegentheil der in Rede stehenden Handlungen sind. Wer indessen auf die Strenge der Definition hält, mag jene Handlungen durch das ihnen wesentliche Merkmal, daß sie fremdes Leiden bezwekken, ausdrücklich ausscheiden. – Als ganz inneres und daher nicht so evidentes Merkmal der Handlungen von moralischem Werth kommt hinzu, daß sie eine gewisse Zufriedenheit mit uns selbst zurücklassen, welche man den Beifall des Gewissens nennt; wie denn gleichfalls die ihnen entgegengesetzten Handlungen der Ungerechtigkeit und Lieblosigkeit, noch mehr die der Bosheit und Grausamkeit, eine entgegengesetzte innere Selbstbeurtheilung erfahren; ferner noch, als sekundäres und accidentelles äußeres Merkmal, daß die Handlungen der ersten Art den Beifall und die Achtung der unbetheiligten Zeugen, die der zweiten das Gegentheil hervorrufen.

Die so festgestellten und als faktisch gegeben zugestandenen Handlungen von moralischem Werth haben wir nun als das vorliegende und zu erklärende Phänomen zu betrachten, und demnach zu untersuchen, WAS es sei, das den Menschen zu Handlungen dieser Art bewegen kann; welche Untersuchung, wenn sie uns gelingt, die ächte moralische Triebfeder nothwendig an den Tag bringen muß, wodurch, da auf diese alle Ethik sich zu stützen hat, unser Problem gelöst wäre.

Aufstellung und Beweis der allein ächten moralischen Triebfeder.

Nach den bisherigen, unumgänglich nöthigen Vorbereitungen komme ich zur Nachweisung der wahren, allen Handlungen von ächtem moralischen Werth zum Grunde liegenden Triebfeder, und als diese wird sich uns eine solche ergeben, welche durch ihren Ernst und durch ihre unzweifelbare Realität gar weit absteht von allen den Spitzfindigkeiten, Klügeleien, Sophismen, aus der Luft gegriffenen Behauptungen und apriorischen Seifenblasen, welche die bisherigen Systeme zur Quelle des moralischen Handelns und zur Grundlage der Ethik haben machen wollen. Da ich diese moralische Triebfeder nicht etwan zur beliebigen Annahme VORSCHLAGEN, sondern als die allein mögliche wirklich BEWEISEN will, dieser Beweis aber die Zusammenfassung vieler Gedanken erfordert; so stelle ich einige Prämissen voran, welche die Voraussetzungen der Beweisführung sind und gar wohl als AXIOMATA gelten können, bis auf die zwei letzten, die sich auf oben gegebene Auseinandersetzungen berufen.

1) Keine Handlung kann ohne zureichendes Motiv geschehen; so wenig, als ein Stein ohne zureichenden Stoß, oder Zug, sich bewegen kann.

2) Eben so wenig kann eine Handlung, zu welcher ein für den Charakter des Handelnden zureichendes Motiv vorhanden ist, unterbleiben, wenn nicht ein stärkeres Gegenmotiv ihre Unterlassung nothwendig macht.

3) Was den Willen bewegt, ist allein Wohl und Wehe überhaupt und im weitesten Sinne des Worts genommen; wie auch umgekehrt Wohl und Wehe bedeutet, «einem Willen gemäß, oder entgegen». Also muß jedes Motiv eine Beziehung auf Wohl und Wehe haben.

4) Folglich bezieht jede Handlung sich auf ein für Wohl und Wehe empfängliches Wesen, als ihren letzten Zweck.

5) Dieses Wesen ist entweder der Handelnde selbst, oder ein Anderer, welcher alsdann bei der Handlung PASSIVE betheiligt ist, indem sie zu seinem Schaden, oder zu seinem Nutz und Frommen geschieht.

6) Jede Handlung, deren letzter Zweck das Wohl und Wehe des Handelnden selbst ist, ist eine EGOISTISCHE.

7) Alles hier von Handlungen Gesagte gilt eben so wohl von Unterlassung solcher Handlungen, zu welchen Motiv und Gegenmotiv vorliegt.

8) In Folge der im vorhergehenden Paragraphen gegebenen Auseinandersetzung schließen EGOISMUS und MORALISCHER WERTH einer Handlung einander schlechthin aus. Hat eine Handlung einen egoistischen Zweck zum Motiv; so kann sie keinen moralischen Werth haben: soll eine Handlung moralischen Werth haben; so darf kein egoistischer Zweck, unmittelbar oder mittelbar, nahe oder fern, ihr Motiv seyn.

9) In Folge der vollzogenen Elimination der vorgeblichen Pflichten gegen uns selbst, kann die moralische Bedeutsamkeit einer Handlung nur liegen in ihrer Beziehung auf Andere: nur in Hinsicht auf diese kann sie moralischen Werth, oder Verwerflichkeit haben und demnach eine Handlung der Gerechtigkeit, oder Menschenliebe, wie auch das Gegentheil beider seyn.

Aus diesen Prämissen ist Folgendes evident: Das WOHL UND WEHE, welches (laut Prämisse 3) jeder Handlung, oder Unterlassung, als letzter Zweck zum Grunde liegen muß, ist entweder das des Handelnden selbst, oder das irgend eines Andern, bei der Handlung passive Betheiligten. IM ERSTEN FALLE ist die Handlung nothwendig EGOISTISCH; weil ihr ein interessirtes Motiv zum Grunde liegt. Dies ist nicht bloß der Fall bei Handlungen, die man offenbar zu seinem eigenen Nutzen und Vortheil unternimmt, dergleichen die allermeisten sind;

sondern es tritt eben so wohl ein, sobald man von einer Handlung irgend einen entfernten Erfolg, sei es in dieser, oder einer andern Welt, FÜR SICH erwartet; oder wenn man dabei seine Ehre, seinen Ruf bei den Leuten, die Hochachtung irgend Jemandes, die Sympathie der Zuschauer u. dgl. m. im Auge hat; nicht weniger, wenn man durch diese Handlung eine Maxime aufrecht zu erhalten beabsichtigt, von deren allgemeiner Befolgung man *eventualiter* einen Vortheil FÜR SICH SELBST erwartet, wie etwan die der Gerechtigkeit, des allgemeinen hülfreichen Beistandes u. s. w. – ebenfalls, wenn man irgend einem absoluten Gebot, welches von einer zwar unbekannten, aber doch offenbar überlegenen Macht ausgienge, Folge zu leisten für gerathen hielte; da alsdann nichts Anderes, als DIE FURCHT vor den nachtheiligen Folgen des UNGEHORSAMS, wenn sie auch bloß allgemein und unbestimmt gedacht werden, dazu bewegen kann; – desgleichen, wenn man seine eigene hohe Meinung von sich selbst, seinem Werthe oder Würde, deutlich oder undeutlich begriffen, die man außerdem aufgeben müßte und dadurch seinen Stolz gekränkt sähe, durch irgend eine Handlung, oder Unterlassung, zu behaupten trachtet; – endlich auch, wenn man, nach WOLFFISCHEN Principien, dadurch an seiner eigenen Vervollkommnung arbeiten will. Kurzum, man setze zum letzten Beweggrund einer Handlung, was man wolle; immer wird sich ergeben, daß, auf irgend einem Umwege, zuletzt DAS EIGENE WOHL UND WEHE DES HANDELNDEN die eigentliche Triebfeder, mithin die Handlung EGOISTISCH, FOLGLICH OHNE MORALISCHEN WERTH ist. Nur einen einzigen Fall giebt es, in welchem dies nicht Statt hat: nämlich wenn der letzte Beweggrund zu einer Handlung, oder Unterlassung, geradezu und ausschließlich im WOHL UND WEHE irgend eines dabei passive betheiligten ANDERN liegt, also der aktive Theil bei seinem Handeln, oder Unterlassen, ganz allein das Wohl und Wehe eines ANDERN im Auge hat und durchaus nichts bezweckt, als daß jener Andere unverletzt bleibe, oder gar Hülfe, Beistand und Erleichterung erhalte. DIESER ZWECK ALLEIN drückt einer Handlung, oder Unterlassung, den Stämpel des MORALISCHEN WERTHES auf; welcher demnach ausschließlich darauf beruht, daß die Handlung bloß zu Nutz und Frommen EINES ANDERN geschehe, oder unterbleibe. Sobald nämlich dies NICHT der Fall ist; so kann das WOHL UND WEHE, welches zu JEDER Handlung treibt, oder von ihr abhält, nur das DES HANDELNDEN SELBST seyn: dann aber ist die Handlung, oder Unterlassung, allemal EGOISTISCH, mithin OHNE MORALISCHEN WERTH.

Wenn man aber meine Handlung ganz allein des ANDERN WEGEN geschehen soll; so muß SEIN WOHL UND WEHE UNMITTELBAR MEIN MOTIV seyn: so wie bei allen andern Handlungen das MEINIGE es ist. Dies bringt unser Problem auf einen engern Ausdruck, nämlich diesen: wie ist es irgend möglich, daß das Wohl und Wehe EINES ANDERN, unmittelbar, d.h. ganz so wie sonst nur mein eigenes, meinen Willen bewege, also direkt mein Motiv werde, und sogar es bisweilen in dem Grade werde, daß ich demselben mein eigenes Wohl und Wehe, diese sonst alleinige Quelle meiner Motive, mehr oder weniger nachsetze? – Offenbar nur dadurch, daß jener Andere DER LETZTE ZWECK meines Willens wird, ganz so wie sonst ich selbst es bin: also dadurch, daß ich ganz unmittelbar SEIN WOHL will und SEIN Wehe nicht will, so unmittelbar, wie sonst nur das MEINIGE. Dies aber setzt nothwendig voraus, daß ich bei SEINEM Wehe als solchem geradezu mitleide, SEIN Wehe fühle, wie sonst nur meines, und deshalb sein Wohl unmittelbar will, wie sonst nur meines. Dies erfordert aber, daß ich auf irgend eine Weise mit ihm identificirt sei, d. h. daß jener gänzliche Unterschied zwischen mir und jedem Andern, auf welchem gerade mein Egoismus beruht, wenigstens in einem gewissen Grade aufgehoben sei. Da ich nun aber doch nicht in der Haut des Andern stecke, so kann allein vermittelst der Erkenntniss, die ich von ihm habe, d. h. der Vorstellung von ihm in meinem Kopf, ich mich so weit mit ihm identificiren, daß meine That jenen Unterschied als aufgehoben ankündigt. Der hier analysirte Vorgang aber ist kein erträumter, oder aus der Luft gegriffener, sondern ein ganz wirklicher, ja, keineswegs seltener: es ist das alltägliche Phänomen des Mitleids, d. h. der ganz unmittelbaren, von allen anderweitigen Rücksichten unabhängigen Theilnahme zunächst am Leiden eines Andern und dadurch an der Verhinderung oder Aufhebung dieses Leidens, als worin zuletzt alle Befriedigung und alles Wohlseyn und Glück besteht. Dieses Mitleid ganz allein ist die wirkliche Basis aller freien Gerechtigkeit und aller ächten Menschenliebe. Nur sofern eine Handlung aus ihm entsprungen ist, hat sie moralischen Werth: und jede aus irgend welchen andern Motiven hervorgehende hat keinen. Sobald dieses Mitleid rege wird, liegt mir das Wohl und Wehe des Andern unmittelbar am Herzen, ganz in der selben Art, wenn auch nicht stets in dem selben Grade, wie sonst allein das meinige: also ist jetzt der Unterschied zwischen ihm und mir kein absoluter mehr.

Allerdings ist dieser Vorgang erstaunenswürdig, ja, mysteriös. Er ist, in Wahrheit, das große Mysterium der Ethik, ihr Urphänomen und der Gränzstein, über welchen hinaus nur noch die metaphysische Spekulation einen Schritt wagen kann. Wir sehen, in jenem Vorgang, die Scheidewand, welche nach dem Lichte der Natur (wie alte Theologen die Vernunft nennen),

Wesen von Wesen durchaus trennt, aufgehoben und das Nicht-Ich gewissermaaßen zum Ich geworden. Uebrigens wollen wir die metaphysische Auslegung des Phänomens für jetzt unberührt lassen und fürs Erste sehen, ob alle Handlungen der freien Gerechtigkeit und der ächten Menschenliebe wirklich aus diesem Vorgange fließen. Dann wird unser Problem gelöst seyn, indem wir das letzte Fundament der Moralität in der menschlichen Natur selbst werden nachgewiesen haben, welches Fundament nicht selbst wieder ein Problem der ETHIK seyn kann, wohl aber, wie alles Bestehende ALS SOLCHES, der METAPHYSIK. Allein die metaphysische Auslegung des ethischen Urphänomens liegt schon über die von der Königlichen Societät gestellte Frage, als welche auf die Grundlage der Ethik gerichtet ist, hinaus, und kann allenfalls nur als eine beliebig zu gebende und beliebig zu nehmende Zugabe beigefügt werden. – Bevor ich nun aber zur Ableitung der Kardinaltugenden aus der aufgestellten Grundtriebfeder schreite, habe ich noch zwei wesentliche Bemerkungen nachträglich beizubringen.

1) Zum Behuf leichterer Faßlichkeit habe ich die obige Ableitung des Mitleids, als alleiniger Quelle der Handlungen von moralischem Werth, dadurch vereinfacht, daß ich die Triebfeder der BOSHEIT, als welche, uneigennützig wie das Mitleid, den fremden SCHMERZ, zu ihrem letzten Zwecke macht, absichtlich außer Acht gelassen habe. Jetzt aber können wir, mit Hinzuziehung derselben, den oben gegebenen Beweis vollständiger und stringenter so resumiren:

Es giebt überhaupt nur DREI GRUND-TRIEBFEDERN der menschlichen Handlungen: und allein durch Erregung derselben wirken alle irgend möglichen Motive. Sie sind:

a) Egoismus; der das eigene Wohl will (ist gränzenlos).

b) Bosheit; die das fremde Wehe will (geht bis zur äußersten Grausamkeit).
c) Mitleid; welches das fremde Wohl will (geht bis zum Edelmuth und zu Großmuth).

Jede menschliche Handlung muß auf eine dieser Triebfedern zurückzuführen seyn; wiewohl auch zwei derselben vereint wirken können. Da wir nun Handlungen von moralischem Werth als faktisch gegeben angenommen haben; so müssen auch sie aus einer dieser Grund-Triebfedern hervorgehen. Sie können aber, vermöge Prämisse 8, nicht aus der ERSTEN Triebfeder entspringen, noch weniger aus der ZWEITEN; da alle aus dieser hervorgehenden Handlungen moralisch verwerflich sind, während die erste zum Theil moralisch indifferente liefert. Also müssen sie von der DRITTEN Triebfeder ausgehen: und dies wird seine Bestätigung *a posteriori* im Folgenden erhalten.

2) Die unmittelbare Theilnahme am Andern ist auf sein LEIDEN beschränkt und wird nicht, wenigstens nicht direkt, auch durch sein WOHLSEYN erregt: sondern dieses an und für sich läßt uns gleichgültig. Dies sagt ebenfalls J. J. ROUSSEAU im *Emile (liv. IV): «Erste Regel: Es liegt dem menschlichen Herzen nicht, sich in die Lage von Leuten zu versetzen, die glücklicher sind als wir, sondern nur von jenen, die beklagenswerter sind.» etc.* (Rousseau, Emile, IV, ed. Paris 1872, p. 242).

Der Grund hievon ist, daß der Schmerz, das Leiden, wozu aller Mangel, Entbehrung, Bedürfniß, ja jeder Wunsch gehört, DAS POSITIVE, DAS UNMITTELBAR EMPFUNDENE ist. Hingegen besteht die Natur der Befriedigung, des Genusses, des Glücks, nur darin, daß eine Entbehrung aufgehoben, ein Schmerz gestillt ist. Diese wirken also NEGATIV. Daher eben ist Bedürfniß und Wunsch die Bedingung jedes Genusses. Dies erkannte schon PLATON, und nahm nur die Wohlgerüche und die Geistesfreuden aus. *(De Rep., IX, p. 264 sq. Bip.)* Auch Voltaire sagt: *Es gibt keine echten Genüsse ohne echte Bedürfnisse* (Voltaire, Précis de l'Ecclésiaste, V. 30). Also das POSITIVE, das sich durch sich selbst kund Gebende ist der Schmerz: Befriedigung und Genüsse sind das NEGATIVE, die bloße Aufhebung jenes Erstern. Hierauf zunächst beruht es, daß nur das Leiden, der Mangel, die Gefahr, die Hülflosigkeit des Andern direkt und als solche unsere Theilnahme erwecken. Der Glückliche, Zufriedene ALS SOLCHER läßt uns gleichgültig: eigentlich weil sein Zustand ein negativer ist: die Abwesenheit des Schmerzes, des Mangels und der Noth. Wir können zwar über das Glück, das Wohlseyn, den Genuß Anderer uns freuen: dies ist dann aber sekundär und dadurch vermittelt, daß vorher ihr Leiden und Entbehren uns betrübt hatte; oder aber auch wir nehmen Theil an dem Beglückten und Genießenden, nicht ALS SOLCHEM, sondern sofern er unser Kind, Vater, Freund, Verwandter, Diener, Unterthan u. dgl. ist. Aber nicht der Beglückte und Genießende REIN ALS SOLCHER erregt unsere unmittelbare Theilnahme, wie es der Leidende, Entbehrende, Unglückliche REIN ALS SOLCHER thut. Erregt doch sogar auch FÜR UNS SELBST, eigentlich nur unser Leiden, wohin auch jeder Mangel, Bedürfniß, Wunsch, ja, die Langeweile zu zählen ist, unsere Thätigkeit; während ein Zustand der Zufriedenheit und Beglückung uns unthätig und in träger Ruhe läßt: wie sollte es in Hinsicht auf Andere nicht eben so seyn? da ja unsere Theilnahme auf einer Identifikation mit ihnen beruht. Sogar kann der Anblick des Glücklichen und Genießenden REIN ALS SOLCHEN sehr leicht unsern Neid erregen, zu welchem die Anlage in jedem Menschen liegt und welcher seine Stelle oben unter den antimoralischen Potenzen gefunden hat.

In Folge der oben gegebenen Darstellung des Mitleids als eines unmittelbaren Motivirtwerdens durch die Leiden des Andern, muß ich noch den nachmals oft wiederholten Irrthum des CASSINA *(Saggio analitico sulla compassione, 1788;* deutsch von Pockels, 1790) rügen, welcher meint, das Mitleid entstehe durch eine augenblickliche Täuschung der Phantasie, indem wir selbst uns an die Stelle des Leidenden versetzten und nun, in der Einbildung, SEINE Schmerzen an UNSERER Person zu leiden wähnten. So ist es keineswegs; sondern es bleibt uns gerade jeden Augenblick klar und gegenwärtig, daß Er der Leidende ist, nicht WIR: und geradezu IN SEINER Person, nicht in unserer, fühlen wir das Leiden, zu unserer Betrübniß. Wir leiden MIT ihm, also IN ihm: wir fühlen seinen Schmerz als den SEINEN und haben nicht die Einbildung, daß es der unserige sei: ja, je glücklicher unser eigener Zustand ist und je mehr also das Bewußtseyn desselben mit der Lage des Andern kontrastirt, desto empfänglicher sind wir für das Mitleid. Die Erklärung der Möglichkeit dieses höchst wichtigen Phänomens ist aber nicht so leicht, noch auf dem bloß psychologischen Wege zu erreichen, wie CASSINA es versuchte. Sie kann nur metaphysisch ausfallen: und eine solche werde ich im letzten Abschnitt zu geben versuchen.

Jetzt aber gehe ich an die Ableitung der Handlungen von ächtem moralischen Werth aus der nachgewiesenen Quelle derselben. Als die allgemeine Maxime solcher Handlungen und folglich als den obersten Grundsatz der Ethik habe ich schon im vorigen Abschnitte die Regel aufgestellt: *Neminem laede; imo omnes, quantum potes, juva.* (Verletze niemanden, vielmehr hilf allen, soviel du kannst.) Da diese Maxime ZWEI Sätze enthält; so zerfallen die ihr entsprechenden Handlungen von selbst in zwei Klassen.

Bei näherer Betrachtung des oben als ethisches Urphänomen nachgewiesenen Vorgangs des Mitleids ist auf den ersten Blick ersichtlich, daß es zwei deutlich getrennte Grade giebt, in welchen das Leiden eines Andern unmittelbar mein Motiv werden, d. h. mich zum Thun oder Lassen bestimmen kann: nämlich zuerst nur in dem Grade, daß es, egoistischen oder boshaften Motiven entgegenwirkend, mich abhält, dem Andern ein Leiden zu verursachen, also herbeizuführen was noch nicht ist, selbst Ursache fremder Schmerzen zu werden; sodann aber in dem höhern Grade, wo das Mitleid, positiv wirkend, mich zu thätiger Hülfe antreibt. Die Trennung zwischen sogenannten Rechts- und Tugend-Pflichten, richtiger zwischen Gerechtigkeit und Menschenliebe, welche bei KANT so gezwungen herauskam, ergiebt sich hier ganz und gar von selbst, und bezeugt dadurch die Richtigkeit des Princips: es ist die natürliche, unverkennbare und scharfe Gränze zwischen dem Negativen und Positiven, zwischen Nichtverletzen und Helfen. Die bisherige Benennung, Rechts- und Tugend-Pflichten, letztere auch Liebespflichten, unvollkommene Pflichten genannt, hat zuvörderst den Fehler, daß sie das *Genus* (Gattung) der *Species* (Art) koordinirt: denn die Gerechtigkeit ist auch eine Tugend. Sodann liegt derselben die viel zu weite Ausdehnung des Begriffes PFLICHT zum Grunde, den ich weiter unten in seine wahren Schranken zurückführen werde. An die Stelle obiger zwei Pflichten setze ich daher zwei Tugenden, die der Gerechtigkeit und die der Menschenliebe, welche ich Kardinaltugenden nenne, weil aus ihnen alle übrigen praktisch hervorgehen und theoretisch sich ableiten lassen. Beide wurzeln in dem natürlichen Mitleid. Dieses Mitleid selbst aber ist eine unleugbare Thatsache des menschlichen Bewußtseyns, ist diesem wesentlich eigen, beruht nicht auf Voraussetzungen, Begriffen, Religionen, Dogmen, Mythen, Erziehung und Bildung; sondern ist ursprünglich und unmittelbar, liegt in der menschlichen Natur selbst, hält eben deshalb unter allen Verhältnissen Stich, und zeigt sich in allen Ländern und Zeiten; daher an dasselbe, als an etwas in jedem Menschen nothwendig Vorhandenes, überall zuversichtlich appellirt wird, und nirgends gehört es zu den «fremden Göttern». Hingegen nennt man Den, dem es zu mangeln scheint, einen Unmenschen; wie auch «Menschlichkeit» oft als Synonym von Mitleid gebraucht wird.

Der erste Grad der Wirksamkeit dieser ächten und natürlichen moralischen Triebfeder ist also nur NEGATIV. Ursprünglich sind wir Alle zur Ungerechtigkeit und Gewalt geneigt, weil unser Bedürfniß, unsere Begierde, unser Zorn und Haß unmittelbar ins Bewußtseyn treten und daher das *Jus primi occupantis* (das Recht der ersten Besitzergreifung) haben; hingegen die fremden Leiden, welche unsere Ungerechtigkeit und Gewalt verursacht, nur auf dem sekundären Wege der VORSTELLUNG und erst durch die Erfahrung, also MITTELBAR ins Bewußtseyn kommen: daher sagt SENECA: *Ad neminem ante bona mens venit, quam mala* (Ep. 50). (Bei keinem stellt sich die gute Gesinnung früher ein als die böse; Seneca, Epistulae, 50, 7.) Der erste Grad der Wirkung des Mitleids ist also, daß es den von mir selbst, in Folge der mir einwohnenden antimoralischen Potenzen, Andern zu verursachenden Leiden hemmend entgegentritt, mir «Halt!» zuruft und sich als eine Schutzwehr vor den Andern stellt, die ihn vor der Verletzung bewahrt, zu welcher außerdem mein Egoismus, oder Bosheit, mich treiben würde. Dergestalt entspringt aus diesem ersten Grade des Mitleids die

Maxime *neminem laede* (verletze niemanden), d. i. der Grundsatz der GERECHTIGKEIT, welche Tugend ihren lautern, rein moralischen, von aller Beimischung freien Ursprung allein hier hat und nirgends außerdem haben kann, weil sie sonst auf Egoismus beruhen müßte. Ist mein Gemüth bis zu jenem Grade für das Mitleid empfänglich; so wird dasselbe mich zurückhalten, wo und wann ich, um meine Zwecke zu erreichen, fremdes Leiden als Mittel gebrauchen möchte; gleichviel ob dieses Leiden ein augenblicklich, oder später eintretendes, ein direktes, oder indirektes, durch Zwischenglieder vermitteltes sei. Folglich werde ich dann so wenig das Eigenthum, als die Person des Andern angreifen, ihm so wenig geistige, als körperliche Leiden verursachen, also nicht nur mich jeder physischen Verletzung enthalten; sondern auch eben so wenig auf geistigem Wege ihm Schmerz bereiten, durch Kränkung, Aengstigung, Aerger, oder Verläumdung. Das selbe Mitleid wird mich abhalten, die Befriedigung meiner Lüste auf Kosten des Lebensglückes weiblicher Individuen zu suchen, oder das Weib eines Andern zu verführen, oder auch Jünglinge moralisch und physisch zu verderben, durch Verleitung zur Päderastie. Jedoch ist keineswegs erforderlich, daß in jedem einzelnen Fall das Mitleid wirklich erregt werde; wo es auch oft zu spät käme: sondern aus der Ein für alle Mal erlangten Kenntniß von dem Leiden, welches jede ungerechte Handlung nothwendig über Andere bringt, und welches durch das Gefühl des Unrechterduldens, d. h. der fremden Uebermacht, geschärft wird, geht in edeln Gemüthern die Maxime *neminem laede* (verletze niemanden) hervor, und die vernünftige Ueberlegung erhebt sie zu dem Ein für alle Mal gefaßten festen Vorsatz, die Rechte eines Jeden zu achten, sich keinen Eingriff in dieselben zu erlauben, sich von dem Selbstvorwurf, die Ursache fremder Leiden zu seyn, frei zu erhalten und demnach nicht die Lasten und Leiden des Lebens, welche die Umstände Jedem zuführen, durch Gewalt oder List auf Andere zu wälzen, sondern sein beschiedenes Theil selbst zu tragen, um nicht das eines Andern zu verdoppeln. Denn obwohl GRUNDSÄTZE und abstrakte Erkenntniß überhaupt keineswegs die Urquelle, oder erste Grundlage der Moralität sind; so sind sie doch zu einem moralischen Lebenswandel unentbehrlich, als das Behältniß, das *Réservoir*, in welchem die aus der Quelle aller Moralität, als welche nicht in jedem Augenblicke fließt, entsprungene Gesinnung aufbewahrt wird, um, wenn der Fall der Anwendung kommt, durch Ableitungskanäle dahin zu fließen. Es verhält sich also im Moralischen wie im Physiologischen, wo z. B. die Gallenblase, als *Réservoir* des Produkts der Leber, nothwendig ist, und in vielen ähnlichen Fällen. Ohne fest gefaßte GRUNDSÄTZE würden wir den antimoralischen Triebfedern, wenn sie durch äußere Eindrücke zu Affekten erregt sind, unwiderstehlich Preis gegeben seyn. Das Festhalten und Befolgen der Grundsätze, den ihnen entgegen wirkenden Motiven zum Trotz, ist SELBSTBEHERRSCHUNG. Hier liegt auch die Ursache, warum die Weiber, als welche, wegen der Schwäche ihrer Vernunft, allgemeine GRUNDSÄTZE zu verstehen, festzuhalten und zur Richtschnur zu nehmen, weit weniger als die Männer fähig sind, in der Tugend der Gerechtigkeit, also auch Redlichkeit und Gewissenhaftigkeit, diesen in der Regel nachstehen; daher Ungerechtigkeit und Falschheit ihre häufigsten Laster sind und Lügen ihr eigentliches Element: hingegen übertreffen sie die Männer in der Tugend der MENSCHENLIEBE: denn zu dieser ist der Anlaß meistens ANSCHAULICH und redet daher unmittelbar zum Mitleid, für welches die Weiber entschieden leichter empfänglich sind. Aber nur das Anschauliche, Gegenwärtige, unmittelbar Reale hat wahre Existenz für sie: das nur mittelst der Begriffe erkennbare Entfernte, Abwesende, Vergangene, Zukünftige ist ihnen nicht wohl faßlich. Also ist auch hier Kompensation: Gerechtigkeit ist mehr die männliche, Menschenliebe mehr die weibliche Tugend. Der Gedanke, Weiber das Richteramt verwalten zu sehen, erregt Lachen; aber die barmherzigen Schwestern übertreffen sogar die barmherzigen Brüder. Nun aber gar das THIER ist, da ihm die abstrakte oder Vernunft-Erkenntniß gänzlich fehlt, durchaus keiner Vorsätze, geschweige Grundsätze und mithin keiner SELBSTBEHERRSCHUNG fähig, sondern dem Eindruck und Affekt wehrlos hingegeben. Daher eben hat es keine bewußte MORALITÄT; wiewohl die Species große Unterschiede der Bosheit und Güte des Charakters zeigen, und in den obersten Geschlechtern selbst die Individuen. – Dem Gesagten zufolge wirkt, in den einzelnen Handlungen des Gerechten, das Mitleid nur noch indirekt, mittelst der Grundsätze, und nicht sowohl *actu* als *potentiâ* (in der Möglichkeit), etwan so, wie in der Statik die durch größere Länge des einen Waagebalkens bewirkte größere GESCHWINDIGKEIT, vermöge welcher die kleinere Masse der größeren das Gleichgewicht hält, im Zustand der Ruhe nur *potentiâ* und doch völlig so gut wie *actu* wirkt. Jedoch bleibt dabei das Mitleid stets bereit, auch *actu* hervorzutreten: daher, wenn etwan, in einzelnen Fällen, die erwählte Maxime der Gerechtigkeit wankt, zur Unterstützung derselben und zur Belebung der gerechten Vorsätze, kein Motiv (die egoistischen bei Seite gesetzt) wirksamer ist, als das aus der Urquelle selbst, dem Mitleid, geschöpfte. Dies gilt nicht etwan bloß wo es die Verletzung der Person, sondern auch wo es die des Eigenthums betrifft, z. B. wenn Jemand eine gefundene Sache von Werth zu behalten Lust spürt; so wird – mit Ausschluß aller Klugheits- und aller Religions-Motive dagegen – nichts ihn so leicht auf die Bahn der Gerechtigkeit zurückbringen, wie die Vorstellung der Sorge, des Herzeleids und der Wehklage des Verlierers. Im Gefühl dieser Wahrheit geschieht es oft, daß dem öffentlichen Aufruf zur Wiederbringung verlorenen Geldes die Versicherung hinzugefügt wird, der Verlierer sei ein armer Mensch, ein Dienstbote u. dgl.

Diese Betrachtungen werden es hoffentlich deutlich machen, daß, so wenig es auf den ersten Blick scheinen mag, allerdings auch die Gerechtigkeit, als ächte, freie Tugend, ihren Ursprung im Mitleid hat. Wem dennoch dieser Boden zu dürftig scheinen möchte, als daß jene große, recht eigentliche Kardinaltugend bloß in ihm wurzeln könnte, der erinnere sich aus dem Obigen, wie gering das Maaß der ächten, freiwilligen, uneigennützigen und ungeschminkten Gerechtigkeit ist, die sich unter Menschen findet; wie diese immer nur als überraschende Ausnahme vorkommt und zu ihrer Afterart, der auf bloßer Klugheit beruhenden und überall laut angekündigten Gerechtigkeit, sich, der Qualität und Quantität nach, verhält wie Gold zu Kupfer. Ich möchte diese letztere *δικαιοσυνη πανδημος* (die irdische Gerechtigkeit), die andere *οὐϱανια* (die himmlische Gerechtigkeit) nennen; da ja sie es ist, welche, nach Hesiodus, im eisernen Zeitalter die Erde verläßt, um bei den himmlischen Göttern zu wohnen. Für diese seltene und auf Erden stets nur exotische Pflanze ist die nachgewiesene Wurzel stark genug.

Die Ungerechtigkeit, oder das Unrecht, besteht demnach alle Mal in der Verletzung eines Andern. Daher ist der Begriff des Unrechts ein positiver und dem des Rechts vorhergängig, als welcher der negative ist und bloß die Handlungen bezeichnet, welche man ausüben kann, ohne Andere zu verletzten, d. h. ohne UNRECHT zu thun. Daß zu diesen auch alle Handlungen gehören, welche allein den Zweck haben, versuchtes Unrecht abzuwehren, ist leicht abzusehen. Denn keine Theilnahme am Andern, kein Mitleid mit ihm kann mich auffordern, mich von ihm verletzen zu lassen, d. h. Unrecht zu leiden. Daß der Begriff des RECHTS der NEGATIVE sei, im Gegensatz des UNRECHTS, als des POSITIVEN, giebt sich auch zu erkennen in der ersten Erklärung, welche der Vater der philosophischen Rechtslehre, HUGO GROTIUS, am Eingange seines Werkes, von jenem Begriffe aufstellt: *Recht bedeutet hier nichts anderes als das, was gerecht ist, und zwar mehr in verneinendem als in bejahendem Sinne, indem Recht ist, was nicht ungerecht ist* (Grotius, De jure belli et pacis, L. I, c. I, S.3). Die Negativität der Gerechtigkeit bewährt sich, dem Anschein entgegen, selbst in der trivialen Definition: «Jedem das Seinige geben.» Ist es das Seinige, braucht man es ihm nicht zu geben: bedeutet also: «Keinem das Seinige nehmen.» – Weil die Forderung der Gerechtigkeit bloß negativ ist, läßt sie sich erzwingen: denn das *neminem laede* kann von Allen zugleich geübt werden. Die Zwangsanstalt hiezu ist der STAAT, dessen alleiniger Zweck ist, die Einzelnen vor einander und das Ganze vor äußeren Feinden zu schützen. Einige deutsche Philosophaster dieses feilen Zeitalters möchten ihn verdrehen zu einer Moralitäts-Erziehungs- und Erbauungs-Anstalt: wobei im Hintergrunde der Jesuitische Zweck lauert, die persönliche Freiheit und individuelle Entwickelung des Einzelnen aufzuheben, um ihn zum bloßen Rade einer Chinesischen Staats- und Religions-Maschine zu machen. Dies aber ist der Weg, auf welchem man weiland zu Inquisitionen, Autos de Fé und Religionskriegen gelangt ist: Friedrichs des Großen Wort, «In meinem Lande soll Jeder seine Säligkeit nach seiner eigenen Façon besorgen können», besagte, daß er ihn nie betreten wolle (nach Büsching, Charakter Friedrichs II., Königs von Preußen, Halle 1788, S. 118). Hingegen sehen wir auch jetzt noch überall (mit mehr scheinbarer, als wirklicher Ausnahme Nordamerikas) den Staat auch die Sorge für das metaphysische Bedürfniß seiner Mitglieder übernehmen. Die Regierungen scheinen zu ihrem Princip den Satz des Quintus Curtius gewählt zu haben: *Nichts regiert die Menge so wirksam wie der Aberglaube; sobald sie, die in der Regel zügellose, grausame und wankelmütige, vom Religionswahn ergriffen ist, gehorcht sie eher ihren Priestern als ihren Heerführern* (Q. Curtius Rufus, IV, 10, 7).

Die Begriffe Unrecht und Recht, als gleichbedeutend mit Verletzung und Nichtverletzung, zu welcher letztern auch das Abwehren der Verletzung gehört, sind offenbar unabhängig von aller positiven Gesetzgebung und dieser vorhergehend: also giebt es ein rein ethisches Recht, oder Naturrecht, und eine reine, d. h. von aller positiven Satzung unabhängige Rechtslehre. Die Grundsätze derselben haben zwar insofern einen empirischen Ursprung, als sie auf Anlaß des Begriffs der Verletzung entstehen, an sich selbst aber beruhen sie auf dem reinen Verstande, welcher *a priori* das Princip an die Hand giebt: *causa causae est causa effectus* (Die Ursache einer Ursache ist auch die Ursache von deren Wirkung), welches hier besagt, daß von dem, was ich thun muß, um die Verletzung eines Andern von mir abzuwehren, er selbst die Ursache ist, und nicht ich; also ich mich allen Beeinträchtigungen von seiner Seite widersetzen kann, ohne ihm Unrecht zu thun. Es ist gleichsam ein moralisches Reperkussionsgesetz. Also aus der Verbindung des empirischen Begriffes der Verletzung mit jener Regel, die der reine Verstand an die Hand giebt, entstehen die Grundbegriffe von Unrecht und Recht, die Jeder *a priori* faßt und auf Anlaß der Erfahrung sogleich anwendet. Den dieses leugnenden Empiriker darf man, da bei ihm allein Erfahrung gilt, nur auf die Wilden hinweisen, die alle ganz richtig, oft auch fein und genau, Unrecht und Recht unterscheiden; welches sehr in die Augen fällt bei ihrem Tauschhandel und andern Uebereinkünften mit der Mannschaft Europäischer Schiffe, und bei ihren Besuchen auf diesen. Sie sind dreist und zuversichtlich, wo sie Recht haben, hingegen ängstlich, wenn das Recht nicht auf ihrer Seite ist. Bei Streitigkeiten lassen sie sich eine rechtliche Ausgleichung gefallen, hingegen reizt ungerechtes Verfahren sie zum Kriege. – Die RECHTSLEHRE ist ein Theil der Moral, welcher die Handlungen feststellt, die man nicht ausüben darf, wenn man nicht Andere verletzen, d. h. Unrecht begehen will. Die Moral hat also hiebei den AKTIVEN Theil im Auge. Die Gesetzgebung aber nimmt dieses Kapitel der Moral, um es in Rücksicht auf die PASSIVE Seite, also umgekehrt, zu gebrauchen und die selben Handlungen zu betrachten als solche, die Keiner, da ihm kein Unrecht widerfahren soll, zu leiden braucht. Gegen diese Handlungen errichtet nun der Staat das Bollwerk der Gesetze, als positives Recht. Seine Absicht ist, daß Keiner Unrecht LEIDE: Die Absicht der moralischen Rechtslehre hingegen, daß keiner Unrecht THUE. Bei jeder ungerechten Handlung ist das Unrecht der QUALITÄT nach das selbe, nämlich Verletzung eines Andern, es sei an seiner Person, seiner Freiheit, seinem Eigenthum, seiner Ehre. Aber der QUANTITÄT nach kann es sehr verschieden seyn. Diese Verschiedenheit der GRÖSSE DES UNRECHTS scheint von den Moralisten noch nicht gehörig untersucht zu seyn, wird jedoch im wirklichen Leben überall anerkannt, indem die Größe des Tadels, den man darüber ergehen läßt, ihr entspricht. Gleichermaaßen verhält es sich mit der GERECHTIGKEIT der Handlungen. Um dies zu erläutern: z. B. wer, dem Hungertode nahe, ein Brot stiehlt, begeht ein Unrecht: aber wie klein ist seine Ungerechtigkeit gegen die eines Reichen, der auf irgend eine Weise einen Armen um sein letztes Eigenthum bringt. Der Reiche, welcher seinen Tagelöhner bezahlt, handelt gerecht: aber wie klein ist diese Gerechtigkeit gegen die eines Armen, der eine gefundene Goldbörse dem Reichen freiwillig zurückbringt. Das Maaß dieser so bedeutenden Verschiedenheit in der QUANTITÄT der Gerechtigkeit und Ungerechtigkeit (bei stets gleicher Qualität) ist aber kein direktes und absolutes, wie das auf dem Maaßstabe, sondern ein mittelbares und relatives, wie das der Sinus und Tangenten. Ich stelle dazu folgende Formel auf: die Größe der Ungerechtigkeit meiner Handlung ist gleich der Größe des Uebels, welches ich einem Andern dadurch zufüge, dividirt durch die Größe des Vortheils, den ich selbst dadurch erlange: – und die Größe der Gerechtigkeit meiner Handlung ist gleich der Größe des Vortheils, den mir die Verletzung des Andern bringen würde, dividirt durch die Größe des Schadens, den er dadurch erleiden würde. – Nun aber giebt es außerdem noch eine DOPPELTE UNGERECHTIGKEIT, die von jeder einfachen, sei diese noch so groß, specifisch verschieden ist, welches sich dadurch kund giebt, daß die Größe der Indignation des unbetheiligten Zeugen, welche stets der Größe der Ungerechtigkeit proportional ausfällt, bei der doppelten allein den höchsten Grad erreicht, und diese verabscheut als etwas Empörendes und Himmelschreiendes, als eine Unthat, ein *ἀγος*, bei welchem gleichsam die Götter ihr Antlitz verhüllen. Diese DOPPELTE UNGERECHTIGKEIT hat Statt, wo Jemand ausdrücklich die Verpflichtung übernommen hat, einen Andern in einer bestimmten Hinsicht zu schützen, folglich die Nichterfüllung dieser Verpflichtung schon Verletzung des Andern, mithin Unrecht wäre; er nun aber noch überdies jenen Andern, eben darin, wo er ihn schützen sollte, selbst angreift und verletzt. Dies ist z. B. der Fall, wo der bestellte Wächter, oder Geleitsmann, zum Mörder, der betraute Hüter zum Dieb wird, der Vormund die Mündel um ihr Eigenthum bringt, der Advokat prävaricirt, der Richter sich bestechen läßt, der um Rath Gebetene dem Frager absichtlich einen verderblichen Rath ertheilt; – welches Alles zusammen unter dem Begriff des VERRATHS gedacht wird, welcher der Abscheu der Welt ist: diesem gemäß setzt auch DANTE die Verräther in den tiefuntersten Grund der Hölle, wo der Satan selbst sich aufhält *(Inf., XI, 61-66)*.

Da nun hier der Begriff der VERPFLICHTUNG zur Sprache gekommen, ist es der Ort, den in der Ethik, wie im Leben, so häufig angewandten Begriff der PFLICHT, dem jedoch eine zu große Ausdehnung gegeben wird, festzustellen. Wir haben gefunden, daß das Unrecht allemal in der Verletzung eines Andern besteht, sei es an seiner Person, seiner Freiheit, seinem Eigenthum, oder seiner Ehre. Hieraus scheint zu folgen, daß jedes Unrecht ein positiver Angriff, eine That seyn müsse. Allein es giebt Handlungen, deren bloße UNTERLASSUNG ein Unrecht ist: solche Handlungen heißen PFLICHTEN. Dieses ist die wahre philosophische Definition des Begriffs der PFLICHT, welcher hingegen alle Eigenthümlichkeit einbüßt und dadurch verloren geht, wenn man, wie in der bisherigen Moral, jede lobenswerthe Handlungsweise PFLICHT nennen will, wobei man vergißt, daß was PFLICHT ist auch SCHULDIGKEIT seyn muß. PFLICHT, *το δεον*, *le devoir, duty,* IST ALSO EINE HANDLUNG, DURCH DEREN BLOSSE UNTERLASSUNG MAN EINEN ANDERN VERLETZT, D. H. UN-

RECHT BEGEHT. Offenbar kann dies nur dadurch der Fall seyn, daß der Unterlasser sich zu einer solchen Handlung anheischig gemacht, d. h. eben VERPFLICHTET hat. Demnach beruhen alle Pflichten auf eingegangener Verpflichtung. Diese ist in der Regel eine ausdrückliche, gegenseitige Uebereinkunft, wie z. B. zwischen Fürst und Volk, Regierung und Beamten, Herrn und Diener, Advokat und Klienten, Arzt und Kranken, überhaupt zwischen einem Jeden, der eine Leistung irgend einer Art übernommen hat, und seinem Besteller, im weitesten Sinne des Worts. Darum giebt jede Pflicht ein Recht: weil Keiner sich ohne ein Motiv, d. h. hier, ohne irgend einen Vortheil für sich, verpflichten kann. Nur EINE Verpflichtung ist mir bekannt, die NICHT mittelst einer Uebereinkunft, sondern unmittelbar durch eine bloße Handlung übernommen wird, weil Der, gegen den man sie hat, noch nicht dawar, als man sie übernahm: es ist die der Eltern gegen ihre Kinder. Wer ein Kind in die Welt setzt, hat die PFLICHT es zu erhalten, bis es sich selbst zu erhalten fähig ist: und sollte diese Zeit, wie bei einem Blinden, Krüppel, Kretinen u. dgl. NIE eintreten, so hört auch die Pflicht nie auf. Denn durch das bloße Nichtleisten der Hülfe, also eine Unterlassung, würde er sein Kind verletzen, ja, dem Untergange zuführen. Die moralische Pflicht der Kinder gegen die Eltern ist nicht so unmittelbar und entschieden. Sie beruht darauf, daß, weil jede Pflicht ein Recht giebt, auch die Eltern eines gegen die Kinder haben müssen, welches bei diesen die Pflicht des Gehorsams begründet, die aber nachmals, mit dem Recht, aus welchem sie entstanden ist, auch aufhört. An ihre Stelle wird alsdann Dankbarkeit treten für Das, was die Eltern mehr gethan, als strenge ihre Pflicht war. Jedoch, ein so häßliches, oft selbst empörendes Laster auch der Undank ist; so ist Dankbarkeit doch nicht PFLICHT zu nennen: weil ihr Ausbleiben keine Verletzung des Andern, also kein UNRECHT ist. Außerdem müßte der Wohlthäter vermeint haben, stillschweigend einen Handel abzuschließen. – Allenfalls könnte man als unmittelbar durch eine Handlung entstehende Verpflichtung den Ersatz für angerichteten Schaden geltend machen. Jedoch ist dieser, als Aufhebung der Folgen einer ungerechten Handlung, eine bloße Bemühung sie auszulöschen, etwas rein Negatives, das darauf beruht, daß die Handlung selbst hätte unterbleiben sollen. – Noch sei hier bemerkt, daß die Billigkeit der Feind der Gerechtigkeit ist und ihr oft gröblich zusetzt: daher man ihr nicht zu viel einräumen soll. Der Deutsche ist ein Freund der Billigkeit, der Engländer hält es mit der Gerechtigkeit.

Das Gesetz der Motivation ist eben so streng, wie das der physischen Kausalität, führt also einen eben so unwiderstehlichen Zwang mit sich. Dem entsprechend giebt es zur Ausübung des Unrechts zwei Wege, den der GEWALT und den der LIST. Wie ich durch Gewalt einen Andern tödten, oder berauben, oder mir zu gehorchen zwingen kann; so kann ich alles dieses auch durch List ausführen, indem ich seinem Intellekt falsche Motive vorschiebe, in Folge welcher er thun muß, was er außerdem nicht thun würde. Dies geschieht mittelst der LÜGE; deren Unrechtmäßigkeit allein hierauf beruht, ihr also nur anhängt, sofern sie ein Werkzeug der List, d. h. des Zwanges mittelst der Motivation, ist. Dies aber ist sie in der Regel. Denn zunächst kann mein Lügen selbst nicht ohne Motiv geschehen: dies Motiv aber wird, mit den seltensten Ausnahmen, ein ungerechtes, nämlich die Absicht seyn, Andere, über die ich keine Gewalt habe, nach meinem Willen zu leiten, d. h. sie mittelst der Motivation zu zwingen. Diese Absicht liegt sogar auch der bloß windbeutelnden Lüge zum Grunde, indem wer sie braucht sich dadurch bei Andern in höheres

Ansehen, als ihm zusteht, zu setzen sucht. – Die Verbindlichkeit des VERSPRECHENS und des VERTRAGES beruht darauf, daß sie, wenn nicht erfüllt, die feierlichste Lüge sind, deren Absicht, moralischen Zwang über Andere auszuüben, hier um so evidenter ist, als das Motiv der Lüge, die verlangte Leistung des Gegenparts, ausdrücklich ausgesprochen ist. Das Verächtliche des Betrugs kommt daher, daß er durch Gleißnerei seinen Mann entwaffnet, ehe er ihn angreift. Der VERRATH ist sein Gipfel und wird, weil er in die Kategorie der DOPPELTEN UNGERECHTIGKEIT gehört, tief verabscheut. Aber wie ich, ohne Unrecht, also mit Recht, Gewalt durch Gewalt vertreiben kann; so kann ich, wo mir die Gewalt abgeht, oder es mir bequemer scheint, es auch durch List. Ich habe also in den Fällen, wo ich ein Recht zur Gewalt habe, es auch ZUR LÜGE: so z.B. gegen Räuber und unberechtigte Gewältiger jeder Art, die ich demnach durch List in eine Falle locke. Darum bindet ein gewaltsam abgezwungenes Versprechen nicht. – Aber DAS RECHT ZUR LÜGE geht in der That noch weiter: es tritt ein bei jeder völlig unbefugten Frage, welche meine persönlichen, oder meine Geschäftsangelegenheiten betrifft, mithin vorwitzig ist, und deren Beantwortung nicht nur, sondern schon deren bloße Zurückweisung durch «ich will's nicht sagen», als Verdacht erweckend, mich in Gefahr bringen würde. Hier ist die Lüge die Nothwehr gegen unbefugte Neugier, deren Motiv meistens kein wohlwollendes ist. Denn, wie ich das Recht habe, dem vorausgesetzten bösen Willen Anderer und der demnach präsumirten physischen Gewalt physischen Widerstand, auf Gefahr des Beeinträchtigers, zum voraus entgegenzustellen und also, als Präventivmaaßregel, meine Gartenmauer mit scharfen Spitzen zu verwahren, Nachts auf meinem Hofe böse Hunde loszulassen, ja, nach Umständen, selbst Fußangeln und Selbstschüsse zu stellen, deren schlimme Folgen der Eindringer sich selber zuzuschreiben hat; so habe ich auch das Recht, dasjenige auf alle Weise geheim zu halten, dessen Kenntniß mich dem Angriff Anderer bloßstellen würde, und habe auch Ursache dazu, weil ich auch hier den bösen Willen Anderer als sehr leicht möglich annehmen und die Vorkehrungen dagegen zum voraus treffen muß. Daher sagt Ariosto:

Quantunque il simular sia le più volte
Ripreso, e dia di mala mente indici,
Si trova pure in molte cose e molte
Avere fatti evidenti benefici,
E danni e biasmi e morti avere tolte:
Che non conversiam' sempre con gli amici,
In questa assai più oscura che serena
*Vita mortal, tutta d'invidia piena.**
(Orl. Fur., IV, 1.)

Ich darf also, ohne Unrecht, selbst der bloß präsumirten Beeinträchtigung durch List, zum voraus List entgegenstellen, und brauche daher nicht Dem, der unbefugt in meine Privatverhältnisse späht, Rede zu stehen, noch durch die Antwort: «Dies will ich geheim halten», die Stelle anzuzeigen, wo ein mir gefährliches, ihm vielleicht vortheilhaftes, jedenfalls ihm Macht über mich verleihendes Geheimniß liegt:

* So sehr auch meistens die Verstellung getadelt wird und von schlechter Absicht zeugt, so hat sie dennoch in gar vielen Dingen augenfällig Gutes gestiftet, indem sie dem Schaden, der Schande und dem Tode vorbeugte: denn nicht immer reden wir mit Freunden, in diesem viel mehr finstern, als heitern, sterblichen Leben, welche von Neide strotzt.

Des Hauses Geheimnisse wollen sie wissen, um dadurch furchtbar zu werden.
(Juvenal, Saturae, 3, 113)

Sondern ich bin alsdann befugt, ihn mit einer Lüge abzufertigen, auf seine Gefahr, falls sie ihn in schädlichen Irrthum versetzt. Denn hier ist die Lüge das einzige Mittel, der vorwitzigen und verdächtigen Neugier zu begegnen: ich stehe daher im Fall der Nothwehr. *Ask me no questions, and I'll tell you no lies**, ist hier die richtige Maxime. Nämlich bei den Engländern, denen der Vorwurf der Lüge als die schwerste Beleidigung gilt, und die eben daher wirklich weniger lügen, als die andern Nationen, werden dem entsprechend alle unbefugten, die Verhältnisse des Andern betreffenden Fragen als eine Ungezogenheit angesehen, welche der Ausdruck *to ask questions* bezeichnet. – Auch verfährt nach dem oben aufgestellten Princip jeder Verständige, selbst wenn er von der strengsten Rechtlichkeit ist. Kehrt er z. B. von einem entlegenen Orte zurück, wo er Geld erhoben hat, und ein unbekannter Reisender gesellt sich zu ihm, frägt, wie gewöhnlich, erst WOHIN, und dann WOHER, darauf allmälig auch, was ihn an jenen Ort geführt haben mag; – so wird Jener eine Lüge antworten, um der Gefahr des Raubes vorzubeugen. Wer in dem Hause, in welchem ein Mann, um dessen Tochter er wirbt, wohnt, angetroffen und nach der Ursache seiner unvermutheten Anwesenheit gefragt wird, giebt, wenn er nicht auf den Kopf gefallen ist, unbedenklich eine falsche an. Und so kommen gar viele Fälle vor, in denen jeder Vernünftige, ohne allen Gewissensskrupel, lügt. Diese Ansicht allein be-

* Frag' du mich nicht aus, will ich dich nicht belügen.

seitigt den schreienden Widerspruch zwischen der Moral, die gelehrt, und der, die täglich, selbst von den Redlichsten und Besten, ausgeübt wird. Jedoch muß dabei die angegebene Einschränkung auf den Fall der Nothwehr streng festgehalten werden; da außerdem diese Lehre abscheulichem Mißbrauche offen stände: denn an sich ist die Lüge ein sehr gefährliches Werkzeug. Aber wie, trotz dem Landfrieden, das Gesetz Jedem erlaubt, Waffen zu tragen und zu gebrauchen, nämlich im Fall der Notwehr; so gestattet für den selben Fall, aber eben so auch NUR für diesen, die Moral den Gebrauch der Lüge. Diesen Fall der Notwehr gegen Gewalt oder List ausgenommen, ist jede Lüge ein Unrecht; daher die Gerechtigkeit Wahrhaftigkeit gegen Jedermann fordert. Aber gegen die völlig unbedingte, ausnahmslose und im Wesen der Sache liegende Verwerflichkeit der Lüge spricht schon Dies, daß es Fälle giebt, wo lügen sogar PFLICHT ist, namentlich für Aerzte; ebenfalls, daß es EDELMÜTHIGE Lügen giebt, z. B. die des Marquis Posa im Don Carlos, die in der *Gerusalemme liberata, 11, 22,* und überhaupt in allen den Fällen, wo Einer die Schuld des Andern auf sich laden will; endlich daß sogar Jesus Christus ein Mal absichtlich die Unwahrheit gesagt hat (Joh. 7, 8). Demgemäß sagt CAMPANELLA, in seinen *Poesie filosofiche, madr. 9,* geradezu: *Bello è il mentir, se a fare gran ben' si trova.** Dagegen aber ist die gangbare Lehre von der Nothlüge ein elender Flicken auf dem Kleide einer armsäligen Moral. – Die, auf KANTS Veranlassung, in manchen Kompendien gegebenen Ableitungen der Unrechtmäßigkeit der Lüge, aus dem SPRACHVERMÖGEN des Menschen, sind so platt, kindisch und abgeschmackt, daß man, nur um ihnen

* Schön ist das Lügen, wenn es viel Gutes stiftet.

Hohn zu sprechen, versucht werden könnte, sich dem Teufel in die Arme zu werfen und mit TALLEYRAND zu sagen: *Der Mensch hat die Sprache erhalten, um seine Gedanken verbergen zu können* (nach Talleyrands Ausspruch zu dem spanischen Gesandten Izquierdo, in: Barère, Mémoires, Paris 1842, 4, 447). – KANTS bei jeder Gelegenheit zur Schau getragener, unbedingter und gränzenloser Abscheu gegen die Lüge beruht entweder auf Affektation, oder auf Vorurtheil: in dem Kapitel seiner «Tugendlehre» von der Lüge, schilt er diese zwar mit allen ehrenrührigen Prädikaten, bringt aber gar keinen eigentlichen Grund für ihre Verwerflichkeit bei; welches doch wirksamer gewesen wäre. Deklamiren ist leichter als Beweisen, und Moralisiren leichter als Aufrichtigseyn. KANT hätte besser gethan, jenen speciellen Eifer gegen die SCHADENFREUDE loszulassen: diese, nicht die Lüge, ist das eigentlich teuflische Laster. Denn sie ist das gerade Gegentheil des Mitleids, und ist nichts Anderes, als die ohnmächtige Grausamkeit, welche die Leiden, in denen sie Andere so gern erblickt, selbst herbeizuführen unfähig, dem Zufall dankt, der es statt ihrer that. – Daß, nach dem Princip der ritterlichen Ehre, der Vorwurf der Lüge also so sehr schwer und eigentlich mit dem Blute des Anschuldigers abzuwaschen genommen wird, liegt nicht daran, daß die Lüge UNRECHT ist, da alsdann die Anschuldigung eines durch Gewalt verübten Unrechts eben so schwer kränken müßte, was bekanntlich nicht der Fall ist; sondern es liegt daran, daß, nach dem Princip der ritterlichen Ehre, eigentlich die Gewalt das Recht begründet: wer nun, um ein Unrecht auszuführen, zur Lüge greift, beweist, daß ihm die Gewalt, oder der zur Anwendung dieser nöthige Muth abgeht. Jede Lüge zeugt von Furcht: das bricht den Stab über ihn.

Die Tugend der Menschenliebe.

Die Gerechtigkeit ist also die erste und grundwesentliche Kardinaltugend. Als solche haben auch die Philosophen des Alterthums sie anerkannt, jedoch ihr drei andere unpassend gewählte koordinirt. Hingegen haben sie die Menschenliebe, *caritas, ἀγαπη*, noch nicht als Tugend aufgestellt: selbst der in der Moral sich am höchsten erhebende PLATO gelangt doch nur bis zur freiwilligen, uneigennützigen Gerechtigkeit. Praktisch und faktisch ist zwar zu jeder Zeit Menschenliebe dagewesen: aber theoretisch zur Sprache gebracht und förmlich als Tugend, und zwar als die größte von allen, aufgestellt, sogar auch auf die Feinde ausgedehnt, wurde sie zuerst vom Christenthum, dessen allergrößtes Verdienst eben hierin besteht; wiewohl nur hinsichtlich auf Europa; da in Asien schon tausend Jahre früher die unbegränzte Liebe des Nächsten eben sowohl Gegenstand der Lehre und Vorschrift, wie der Ausübung gewesen war, indem Veda und Dharma-Sastra, Itihasa und Purana, wie auch die Lehre des Buddha's Schakia Muni, nicht müde werden, sie zu predigen. – Und wenn wir es streng nehmen wollen, so lassen sich auch bei den Alten Spuren der Anempfehlung der Menschenliebe finden, z. B. beim CICERO, *De finib., V, 23;* sogar schon beim Pythagoras, nach Jamblichus, *De vita Pythagorae, c. 33.* Mir liegt jetzt die philosophische Ableitung dieser Tugend aus meinem Princip ob.

Der zweite Grad, in welchem mittelst des oben thatsächlich nachgewiesenen, wiewohl seinem Ursprung nach geheimnißvollen Vorgangs des MITLEIDS, das fremde Leiden an sich selbst und als solches unmittelbar mein Motiv wird, sondert sich von dem ersten deutlich ab, durch den POSITIVEN CHARAKTER der daraus hervorgehenden Handlungen; indem alsdann das Mitleid nicht bloß mich abhält, den Andern zu verletzen, sondern sogar mich antreibt, ihm zu helfen. Je nachdem nun theils jene unmittelbare Theilnahme lebhaft und tiefgefühlt, theils die fremde Noth groß und dringend ist, werde ich durch jenes rein moralische Motiv bewogen werden, ein größeres oder geringeres Opfer dem Bedürfniß oder der Noth des Andern zu bringen, welches in der Anstrengung meiner leiblichen oder geistigen Kräfte für ihn, in meinem Eigenthum, in meiner Gesundheit, Freiheit, sogar in meinem Leben bestehen kann. Hier also, in der unmittelbaren, auf keine Argumentation gestützten, noch deren bedürfenden Theilnahme, liegt der allein lautere Ursprung der Menschenliebe, der *caritas, ἀγαπη,* also derjenigen Tugend, deren Maxime ist, *omnes, quantum potes, juva* (Hilf allen, soviel du kannst), und aus welcher alles Das fließt, was die Ethik unter dem Namen Tugendpflichten, Liebespflichten, unvollkommene Pflichten vorschreibt. Diese ganz unmittelbare, ja, instinktartige Theilnahme am fremden Leiden, also das Mitleid, ist die alleinige Quelle solcher Handlungen, wenn sie MORALISCHEN WERTH HABEN, d. h. von allen egoistischen Motiven rein seyn, und eben deshalb in uns selbst diejenige innere Zufriedenheit erwecken sollen, welche man das gute, befriedigte, lobende Gewissen nennt; wie auch bei dem Zuschauer die eigenthümliche Beistimmung, Hochachtung, Bewunderung und sogar demüthigenden Rückblick auf sich selbst hervorrufen sollen, welcher eine nicht abzuleugnende Thatsache ist. Hat hingegen eine wohlthätige Handlung irgend ein anderes Motiv; so kann sie nicht anders, als egoistisch seyn, wenn sie nicht gar boshaft ist. Denn, entsprechend den oben aufgestellten Urtriebfedern aller Handlungen, nämlich Egoismus, Bosheit, Mitleid, lassen sich die MOTIVE, welche überhaupt den Menschen bewegen können, unter drei, ganz allgemeine und oberste Klassen bringen: 1) eigenes Wohl, 2) fremdes Wehe, 3) fremdes Wohl. Ist nun das Motiv einer wohlthätigen Handlung nicht aus der DRITTEN Klasse; so muß es schlechterdings der ERSTEN oder ZWEITEN angehören. LETZTERES ist wirklich bisweilen der Fall: z. B. wenn ich Einem wohlthue, um einen Andern, dem ich nicht wohlthue, zu kränken, oder ihm sein Leiden noch fühlbarer zu machen; oder auch um einen Dritten, der demselben nicht wohlthat, zu beschämen; oder endlich um den, dem ich wohlthue, dadurch zu demüthigen. ERSTERES aber ist viel öfter der Fall, nämlich sobald ich, bei einer guten That, sei es auch noch so entfernt und auf weitestem Umwege, MEIN EIGENES WOHL im Auge habe, also wen mich Rücksicht auf Belohnung, in dieser oder einer andern Welt, oder die zu erlangende Hochschätzung und der Ruf eines edeln Herzens, oder die Ueberlegung, daß der, dem heute ich helfe, mir ein Mal wieder helfen, oder sonst nützen und dienen könne, endlich auch, wenn mich der Gedanke treibt, die Maxime des Edelmuths oder der Wohlthätigkeit müsse aufrecht erhalten werden, da sie mir doch auch ein Mal zu gute kommen könne, kurz, sobald mein Zweck irgend ein anderer ist, als ganz allein der rein OBJEKTIVE, daß ich dem Andern geholfen, ihn aus seiner Noth und Bedrängniß gerissen, ihn von seinem Leiden befreiet wissen will: und nichts darüber und nichts daneben! Nur dann, und ganz allein dann, habe ich wirklich jene Menschenliebe, *caritas, ἀγαπη,* bewiesen, welche gepredigt zu haben, das große, auszeichnende Verdienst des Christenthums ist. Aber gerade die Vorschriften, welche das Evangelium seinem Geheiß der Liebe hinzufügt, wie: *Laß deine linke Hand nicht wissen, was die rechte tut* (Matth. 6, 3) und ähnliche, sind auf das Gefühl dessen gegründet, was ich hier deducirt habe, daß nämlich ganz allein die fremde Noth und keine andere Rücksicht mein Motiv seyn muß, wenn meine Handlung moralischen Werth haben soll. Ganz richtig wird ebendaselbst (Matth. 6, 2) gesagt, daß Die, welche mit Ostentation geben, ihren Lohn dahin haben. Aber die Veden ertheilen auch hier uns gleichsam die höhere Weihe, indem sie wiederholentlich versichern, daß wer irgend einen Lohn seiner Werke begehrt, noch auf dem Wege der Finsterniß begriffen und zur Erlösung nicht reif sei. – Wenn Einer, indem er ein Almosen giebt, mich früge, was er davon hat; so wäre meine gewissenhafte Antwort: «Dieses, daß jenem Armen sein Schicksal um so viel erleichtert wird; außerdem aber schlechterdings nichts. Ist dir nun damit nicht gedient, und daran eigentlich nichts gelegen; so hast du eigentlich nicht ein Almosen geben, sondern einen Kauf thun wollen: da bist du um dein Geld betrogen. Ist dir aber daran gelegen, daß Jener, den der Mangel drückt, weniger leide; so hast du eben deinen Zweck erreicht, hast dies davon, daß er weniger leidet, und siehst genau, wie weit deine Gabe sich belohnt.«

Wie ist es nun aber möglich, daß ein Leiden, welches nicht MEINES ist, nicht MICH trifft, doch eben so unmittelbar, wie sonst nur mein eigenes, Motiv für mich werden, mich zum Handeln bewegen soll? Wie gesagt, nur dadurch, daß ich es, obgleich mir nur als ein Aeußeres, bloß vermittelst der äußern Anschauung oder Kunde gegeben, dennoch MITEMPFINDE, es als MEINES FÜHLE, und doch nicht IN MIR, sondern IN EINEM ANDERN, und also eintritt was schon CALDERON ausspricht:

——— que entre el ver
Padecer y el padecer
Ninguna distancia habia.
«No siempre el peor es cierto», Jorn. II, p. 229.
(daß zwischen leiden sehen und leiden kein Unterschied sei. «Nicht immer ist das Schlechtere gewiß»)

Dies aber setzt voraus, daß ich mich mit dem Andern gewissermaaßen identificirt habe, und folglich die Schranke zwischen Ich und Nicht-Ich, für den Augenblick, aufgehoben sei: nur dann wird die Angelegenheit des Andern, sein Bedürfniß, seine Noth, sein Leiden, unmittelbar zum meinigen: dann erblicke ich ihn nicht mehr, wie ihn doch die empirische Anschauung giebt, als ein mir Fremdes, mir Gleichgültiges, von mir gänzlich Verschiedenes; sondern IN IHM leide ich mit, trotz dem, daß seine Haut meine Nerven nicht einschließt. Nur dadurch kann SEIN Wehe, SEINE Noth, Motiv FÜR MICH werden: außerdem kann es durchaus nur meine eigene. DIESER VORGANG ist, ich wiederhole es, MYSTERIÖS: denn er ist etwas, wovon die Vernunft keine unmittelbare Rechenschaft geben kann, und dessen Gründe auf dem Wege der Erfahrung nicht auszumitteln sind. Und doch ist er alltäglich. Jeder hat ihn oft an sich selbst erlebt, sogar dem Hartherzigsten und Selbstsüchtigsten ist er nicht fremd geblieben. Er tritt täglich ein, vor unsern Augen, im Einzelnen, im Kleinen, überall wo, auf unmittelbaren Antrieb, ohne viel Ueberlegung, ein Mensch dem Andern hilft und beispringt, ja, bisweilen selbst sein Leben für Einen, den er zum ersten Male sieht, in die augenscheinlichste Gefahr setzt, ohne mehr dabei zu denken, als eben daß er die große Noth und Gefahr des Andern sieht. Er tritt im Großen ein, wenn, nach langer Ueberlegung und schwerer Debatte, die hochherzige Brittische Nation 20 Millionen Pfund Sterling hingiebt, um den Negersklaven in ihren Kolonien die Freiheit zu erkaufen; unter dem Beifallsjubel einer ganzen Welt. Wer diese schöne Handlung im großen Stil, dem Mitleid als Triebfeder absprechen wollte, um sie dem Christenthum zuzuschreiben, bedenke, daß im ganzen Neuen Testament kein Wort gegen die Sklaverei gesagt ist; so allgemein auch damals die Sache war; und daß vielmehr, noch 1860, in Nord-Amerika, bei Debatten über die Sklaverei, Einer sich darauf berufen hat, daß Abraham und Jakob auch Sklaven gehalten haben.

Was nun in jedem einzelnen Fall die praktischen Ergebnisse jenes mysteriösen innern Vorganges seyn werden, mag die Ethik in Kapiteln und Paragraphen über Tugendpflichten, oder Liebespflichten, oder unvollkommene Pflichten, oder wie sonst, auseinandersetzen. Die Wurzel, die Grundlage von dem Allen ist die hier dargelegte, aus welcher der Grundsatz entspringt: *omnes, quantum potes, juva*; und aus diesem ist hier alles Uebrige gar leicht abzuleiten, wie aus der ersten Hälfte meines Princips, also aus dem *Neminem laede*, alle Pflichten der Gerechtigkeit. Die Ethik ist in Wahrheit die leichteste aller Wissenschaften; wie es auch nicht anders zu erwarten steht, da Jeder die Obliegenheit hat, sie selbst zu konstruiren, selbst aus dem obersten Grundsatz, der in seinem Herzen wurzelt, die Regel für jeden vorkommenden Fall abzuleiten: denn Wenige haben die Muße und Geduld, eine fertig konstruirte Ethik zu erlernen. Aus der Gerechtigkeit und Menschenliebe fließen sämmtliche Tugenden, daher sind jene die Kardinaltugenden, mit deren Ableitung der Grundstein der Ethik gelegt ist. – Gerechtigkeit ist der ganze ethische Inhalt des Alten Testaments, und Menschenliebe der des Neuen:

diese ist die *καινη ἐντολη* (das neue Gebot; Joh. 13, 34), in welcher, nach Paulus (Röm. 13, 8-10) alle Christlichen Tugenden enthalten sind.

Bestätigungen des dargelegten Fundaments der Moral.

Die jetzt ausgesprochene Wahrheit, daß das Mitleid, als die einzige nicht egoistische, auch die alleinige ächt moralische Triebfeder sei, ist, seltsamer, ja, fast unbegreiflicher Weise, paradox. Ich will daher versuchen, sie den Ueberzeugungen des Lesers dadurch zu entfremden, daß ich sie als durch die Erfahrung und die Aussprüche des allgemeinen Menschengefühls bestätigt nachweise.

1) Zu diesem Zweck will ich zuvörderst einen beliebig erdachten Fall zum Beispiel nehmen, der in dieser Untersuchung als *experimentum crucis* (entscheidende Probe) gelten kann. Um mir aber nicht die Sache leicht zu machen, nehme ich keinen Fall der Menschenliebe, sondern eine Rechtsverletzung und zwar die stärkste. – Man setze zwei junge Leute, Kajus und Titus, beide leidenschaftlich verliebt, doch jeder in ein anderes Mädchen: und jedem stehe ein wegen äußerer Umstände bevorzugter Nebenbuhler durchaus im Wege. Beide seien entschlossen, jeder den seinigen aus der Welt zu schaffen, und Beide seien vor aller Entdeckung, sogar vor jedem Verdacht, vollkommen gesichert. Als jedoch Jeder seinerseits an die nähere Veranstaltung des Mordes geht, stehen Beide, nach einem Kampfe mit sich selbst, davon ab. Ueber die Gründe dieses Aufgebens ihres Entschlusses sollen sie uns aufrichtige und deutliche Rechenschaft ablegen. – Nun soll die Rechenschaft, welche Kajus giebt, ganz in die Wahl des Lesers gestellt seyn. Er mag etwan durch religiöse Gründe, wie

den Willen Gottes, die dereinstige Vergeltung, das künftige Gericht u. dgl. abgehalten worden seyn. Oder aber er sage: «Ich bedachte, daß die Maxime meines Verfahrens in diesem «Fall sich nicht geeignet haben würde, eine allgemein gültige «Regel für alle möglichen vernünftigen Wesen abzugeben, in- «dem ich ja meinen Nebenbuhler allein als Mittel und nicht «zugleich als Zweck behandelt haben würde.» – Oder er sage mit FICHTE: «Jedes Menschenleben ist Mittel zur Realisation «des Sittengesetzes: also kann ich nicht, ohne gegen die Reali- «sation des Sittengesetzes gleichgültig zu seyn, Einen vernich- «ten, der zu derselben beizutragen bestimmt ist.» (Sittenlehre, S. 373.) – (Diesem Skrupel, beiläufig gesagt, könnte er dadurch begegnen, daß er, im Besitz seiner Geliebten, bald ein neues Instrument des Sittengesetzes zu produciren hofft.) – Oder er sage, nach WOLLASTONE: «Ich habe überlegt, daß jene Hand- «lung der Ausdruck eines unwahren Satzes seyn würde.» – Oder er sage, nach HUTCHESON: «Der moralische Sinn, dessen «Empfindungen, wie die jedes andern Sinnes, nicht weiter er- «klärlich sind, hat mich bestimmt, es seyn zu lassen.» – Oder er sage, nach ADAM SMITH: «Ich sah voraus, daß meine Handlung «gar keine Sympathie mit mir in den Zuschauern derselben er- «regt haben würde.» – Oder, nach CHRISTIAN WOLFF: «Ich er- «kannte, daß ich dadurch meiner eigenen Vervollkommnung «entgegen arbeiten und auch keine fremde befördern würde.» – Oder er sage, nach SPINOZA: «Nichts ist dem Menschen nütz- «licher als der Mensch: daher habe ich den Menschen nicht tö- «ten wollen» (Spinoza, Ethica, IV, prop. 18, scholium). – Kurz, er sage, was man will. – Aber TITUS, dessen Rechenschaft ich mir vorbehalte, der sage: «Wie es zu den Anstalten kam, und «ich deshalb, für den Augenblick, mich nicht mit meiner Lei- «denschaft, sondern mit jenem Nebenbuhler zu beschäftigen «hatte; da zuerst wurde mir recht deutlich, was jetzt mit ihm «eigentlich vorgehen sollte. Aber nun ergriff mich Mitleid und «Erbarmen, es jammerte mich seiner, ich konnte es nicht über's «Herz bringen: ich habe es nicht thun können.» – Jetzt frage ich jeden redlichen und unbefangenen Leser: Welcher von Beiden ist der bessere Mensch? – Welchem von Beiden möchte er sein eigenes Schicksal lieber in die Hand geben? – Welcher von ihnen ist durch das reinere Motiv zurückgehalten worden? – Wo liegt demnach das Fundament der Moral?

2) Nichts empört so im tiefsten Grunde unser moralisches Gefühl, wie Grausamkeit. Jedes andere Verbrechen können wir verzeihen, nur Grausamkeit nicht. Der Grund hievon ist, daß Grausamkeit das gerade Gegentheil des Mitleids ist. Wenn wir von einer sehr grausamen That Kunde erhalten, wie z. B. die ist, welche eben jetzt die Zeitungen berichten, von einer Mutter, die ihren fünfjährigen Knaben dadurch gemordet hat, daß sie ihm siedendes Oel in den Schlund goß, und ihr jüngeres Kind dadurch, daß sie es lebendig begrub; – oder die, welche eben aus Algier gemeldet wird, daß nach einem zufälligen Streit und Kampf zwischen einem Spanier und einem Algierer, dieser, als der stärkere, jenem die ganze untere Kinnlade rein ausriß und als Trophäe davon trug, jenen lebend zurücklassend; – dann werden wir von Entsetzen ergriffen und rufen aus: «Wie ist es möglich, so etwas zu thun?» – Was ist der Sinn dieser Frage? Ist er vielleicht: Wie ist es möglich, die Strafen des künftigen Lebens so wenig zu fürchten? – Schwerlich. – Oder: Wie ist es möglich, nach einer Maxime zu handeln, die so gar nicht geeignet ist, ein allgemeines Gesetz für alle vernünftigen Wesen zu werden? – Gewiß nicht. – Oder: Wie ist es möglich, seine eigene und die fremde Vollkommenheit so sehr zu vernachlässigen? – Eben so wenig. – Der Sinn jener

Frage ist ganz gewiß bloß dieser: Wie ist es möglich, so ganz ohne Mitleid zu seyn? – Also ist es der größte Mangel an Mitleid, der einer That den Stämpel der tiefsten moralischen Verworfenheit und Abscheulichkeit aufdrückt. Folglich ist Mitleid die eigentliche moralische Triebfeder.

3) Ueberhaupt ist die von mir aufgestellte Grundlage der Moral und Triebfeder der Moralität die einzige, der sich eine reale, ja, ausgedehnte Wirksamkeit nachrühmen läßt. Denn von den übrigen Moralprincipien der Philosophen wird dies wohl Niemand behaupten wollen; da diese aus abstrakten, zum Theil selbst spitzfindigen Sätzen bestehen, ohne anderes Fundament, als eine künstliche Begriffskombination, so daß ihre Anwendung auf das wirkliche Handeln sogar oft eine lächerliche Seite haben würde. Eine gute That, bloß aus Rücksicht auf das Kantische Moralprincip vollbracht, würde im Grunde das Werk eines philosophischen Pedantismus seyn, oder aber auf Selbsttäuschung hinauslaufen, indem die Vernunft des Handelnden eine That, welche andere, vielleicht edlere Triebfedern hätte, als das Produkt des kategorischen Imperativs und des auf nichts gestützten Begriffs der Pflicht auslegte. Aber nicht nur von den PHILOSOPHISCHEN, auf bloße Theorie berechneten, sondern sogar auch von den ganz zum praktischen Behuf aufgestellten RELIGIÖSEN Moralprincipien läßt sich selten eine entschiedene Wirksamkeit nachweisen. Dies sehen wir zuvörderst daran, daß, trotz der großen Religionsverschiedenheit auf Erden, der Grad der Moralität, oder vielmehr Immoralität, durchaus keine jener entsprechende Verschiedenheit aufweist, sondern, im Wesentlichen, so ziemlich überall der selbe ist. Nur muß man nicht Rohheit und Verfeinerung mit Moralität und Immoralität verwechseln. Die Religion der Griechen hatte eine äußerst geringe, fast nur auf den

Eid beschränkte moralische Tendenz; es wurde kein Dogma gelehrt und keine Moral öffentlich gepredigt: wir sehen aber nicht, daß deshalb die Griechen, Alles zusammengenommen, moralisch schlechter gewesen wären, als die Menschen der Christlichen Jahrhunderte. Die Moral des Christenthums ist viel höherer Art, als die der übrigen Religionen, die jemals in Europa aufgetreten sind: aber wer deshalb glauben wollte, daß die Europäische Moralität sich in eben dem Maaße verbessert hätte und jetzt wenigstens unter den gleichzeitigen excellirte, den würde man nicht nur bald überführen können, daß unter Mohammedanern, Gebern (Parsen), Hindu und Buddhaisten mindestens eben so viel Redlichkeit, Treue, Toleranz, Sanftmuth, Wohlthätigkeit, Edelmuth und Selbstverleugnung gefunden wird, als unter den Christlichen Völkern; sondern sogar würde das lange Verzeichniß unmenschlicher Grausamkeiten, die das Christenthum begleitet haben, in den zahlreichen Religionskriegen, den unverantwortlichen Kreuzzügen, in der Ausrottung eines großen Theils der Ureinwohner Amerikas und Bevölkerung dieses Welttheils mit aus Afrika herangeschleppten, ohne Recht, ohne einen Schein des Rechts, ihren Familien, ihrem Vaterlande, ihrem Welttheil entrissenen und zu endloser Zuchthausarbeit verdammten Negersklaven*, in den unermüdlichen Ketzerverfolgungen und himmelschreienden Inquisitionsgerichten, in der Bartholomäusnacht, in der Hinrichtung von 18000 Niederländern durch Alba, u. s. w. u. s. w. – eher einen Ausschlag zu Ungunsten des Christenthums besorgen lassen. Ueberhaupt aber, wenn man die vortreffliche Moral, welche die Christliche und

* Noch jetzt wird, nach Buxton, *The African slavetrade*, 1839, ihre Zahl JÄHRLICH durch ungefähr 150000 frische Afrikaner, vermehrt, bei deren Einfangung und Reise über 200000 andere jämmerlich umkommen.

mehr oder weniger jede Religion predigt, vergleicht mit der Praxis ihrer Bekenner, und sich vorstellt, wohin es mit dieser kommen würde, wenn nicht der weltliche Arm die Verbrechen verhinderte, ja, was wir zu befürchten hätten, wenn auch nur auf Einen Tag alle Gesetze aufgehoben würden; so wird man bekennen müssen, daß die Wirkung aller Religionen auf die Moralität eigentlich sehr geringe ist. Hieran ist freilich die Glaubensschwäche Schuld. Theoretisch und so lange es bei der frommen Betrachtung bleibt, scheint Jedem sein Glaube fest. Allein die That ist der harte Probierstein aller unserer Ueberzeugungen: wenn es zu ihr kommt und nun der Glaube durch große Entsagungen und schwere Opfer bewährt werden soll; da zeigt sich die Schwäche desselben. Wenn ein Mensch ein Verbrechen ernstlich meditirt; so hat er die Schranke der ächten reinen Moralität bereits durchbrochen: danach aber ist das Erste, was ihn aufhält, alle Mal der Gedanke an Justiz und Polizei. Entschlägt er sich dessen, durch die Hoffnung diesen zu entgehen; so ist die zweite Schranke, die sich ihm entgegenstellt, die Rücksicht auf seine Ehre. Kommt er nun aber auch über diese Schutzwehr hinweg; so ist sehr viel dagegen zu wetten, daß, nach Ueberwindung dieser zwei mächtigen Widerstände, jetzt noch irgend ein Religionsdogma Macht genug über ihn haben werde, um ihn von der That zurückzuhalten. Denn wen nahe und gewisse Gefahren nicht abschrecken, den werden die entfernten und bloß auf Glauben beruhenden schwerlich in Zaum halten. Ueberdies läßt sich gegen jede ganz allein aus religiösen Ueberzeugungen hervorgegangene gute Handlung noch einwenden, daß sie nicht uneigennützig gewesen, sondern aus Rücksicht auf Lohn und Strafe geschehen sei, folglich keinen rein moralischen Werth habe. Diese Einsicht finden wir stark ausgedrückt in einem Briefe des berühmten Großherzogs Karl August von Weimar, wo es heißt: «Baron WEYHERS fand selber, das müsse ein schlechter Kerl sein, der durch Religion gut, und nicht von Natur dazu geneigt sei. *In vino veritas.*» (Briefe an J. H. Merck, Br. 229.) – Nun betrachte man dagegen die von mir aufgestellte moralische Triebfeder. Wer wagt es, einen Augenblick in Abrede zu stellen, daß sie zu allen Zeiten, unter allen Völkern, in allen Lagen des Lebens, auch im gesetzlosen Zustande, auch mitten unter den Gräueln der Revolutionen und Kriege, und im Großen wie im Kleinen, jeden Tag und jede Stunde, eine entschiedene und wahrhaft wundersame Wirksamkeit äußert, täglich vieles Unrecht verhindert, gar manche gute That, ohne alle Hoffnung auf Lohn und oft ganz unerwartet ins Daseyn ruft, und daß wo sie und nur sie allein wirksam gewesen, wir Alle mit Rührung und Hochachtung der That den ächten moralischen Werth unbedingt zugestehen.

4) Denn gränzenloses Mitleid mit allen lebenden Wesen ist der festeste und sicherste Bürge für das sittliche Wohlverhalten und bedarf keiner Kasuistik. Wer davon erfüllt ist, wird zuverlässig Keinen verletzen, Keinen beeinträchtigen, Keinem wehe thun, vielmehr mit Jedem Nachsicht haben, Jedem verzeihen, Jedem helfen, so viel er vermag, und alle seine Handlungen werden das Gepräge der Gerechtigkeit und Menschenliebe tragen. Hingegen versuche man ein Mal zu sagen: «dieser Mensch ist tugendhaft, aber er kennt kein Mitleid.» Oder: «Es ist ein ungerechter und boshafter Mensch; jedoch ist er sehr mitleidig»; so wird der Widerspruch fühlbar. – Der Geschmack ist verschieden; aber ich weiß mir kein schöneres Gebet, als Das, womit die Alt-Indischen Schauspiele (wie in früheren Zeiten die Englischen mit dem für den König) schließen. Es lautet: «Mögen alle lebende Wesen von Schmerzen frei bleiben.«

5) Auch aus einzelnen Zügen läßt sich entnehmen, daß die wahre moralische Grundtriebfeder das Mitleid ist. Es ist, z. B., eben so unrecht, einen Reichen, wie einen Armen, durch gefahrlose legale Kniffe, um hundert Thaler zu bringen: aber die Vorwürfe des Gewissens und der Tadel der unbetheiligten Zeugen werden im zweiten Fall sehr viel lauter und heftiger ausfallen; daher auch schon Aristoteles sagt: *Es ist schlimmer, einem Unglücklichen Unrecht zu tun als einem Glücklichen* (Aristoteles, Problemata, 29, 2, p. 950 b 3). Hingegen werden die Vorwürfe noch leiser, als im ersten Falle seyn, wenn es eine Staatskasse ist, die man übervortheilt hat: denn diese kann kein Gegenstand des Mitleids seyn. Man sieht, daß nicht unmittelbar die Rechtsverletzung, sondern zunächst das dadurch auf den Andern gebrachte Leiden den Stoff des eigenen und fremden Tadels liefert. Die bloße Rechtsverletzung als solche, z. B. die obige gegen eine Staatskasse, wird zwar auch vom Gewissen und von Andern gemißbilligt werden, aber nur sofern die Maxime, JEDES Recht zu achten, welche den wahrhaft ehrlichen Mann macht, dadurch gebrochen ist; also mittelbar und im geringern Grade. War es jedoch eine ANVERTRAUTE Staatskasse, so ist der Fall ein ganz anderer, indem hier der oben festgestellte Begriff der DOPPELTEN UNGERECHTIGKEIT, mit seinen specifischen Eigenschaften, eintritt. Auf dem hier Auseinandergesetzten beruht es, daß der schwerste Vorwurf, welcher habsüchtigen Erpressern und legalen Schurken überall gemacht wird, der ist, daß sie das Gut der Wittwen und Waisen an sich gerissen haben: eben weil diese, als ganz hülflos, mehr noch, als Andere, hätten das Mitleid erwecken sollen. Der gänzliche Mangel an diesem ist es also, welcher den Menschen der Ruchlosigkeit überführt.

6) Noch augenscheinlicher, als der Gerechtigkeit, liegt der

Menschenliebe Mitleid zum Grunde. Keiner wird von Andern Beweise ächter Menschenliebe erhalten, so lange es ihm in jedem Betracht wohl geht. Der Glückliche kann zwar das Wohlwollen seiner Angehörigen und Freunde vielfach erfahren: aber die Aeußerungen jener reinen, uneigennützigen, objektiven Theilnahme am fremden Zustand und Schicksal, welche Wirkung der Menschenliebe sind, bleiben dem in irgend einem Betracht Leidenden aufbehalten. Denn an dem Glücklichen ALS SOLCHEM nehmen wir nicht Theil; vielmehr bleibt er ALS SOLCHER unserm Herzen fremd: *habeat sibi sua* (Möge er das Seinige für sich behalten). Ja, er wird, wenn er Viel vor Andern voraus hat, leicht Neid erregen, welcher droht, bei seinem einstigen Sturz von der Höhe des Glücks, sich in Schadenfreude zu verwandeln. Jedoch bleibt diese Drohung meistens unerfüllt und es kommt nicht zu dem Sophokleischen *γελῶσι δ'ἐχϑϱοι* (die Feinde lachen; Sophokles, Elektra 1153). Denn sobald der Glückliche stürzt, geht eine große Umgestaltung in den Herzen der Uebrigen vor, welche für unsere Betrachtung belehrend ist. Nämlich zuvörderst zeigt sich jetzt, welcher Art der Antheil war, den die Freunde seines Glücks an ihm nahmen: *Sind die Krüge erst leer, so fliehn mit dem Reste die Freunde* (Horaz, Carmina, I, 35, 26). Aber andererseits, was er mehr fürchtete, als das Unglück selbst, und was zu denken ihm unerträglich fiel, das Frohlocken der Neider seines Glücks, das Hohngelächter der Schadenfreude, bleibt meistens aus: der Neid ist versöhnt, er ist mit seiner Ursache verschwunden, und das jetzt an seine Stelle tretende Mitleid gebiert die Menschenliebe. Oft haben die Neider und Feinde eines Glücklichen, bei seinem Sturz, sich in schonende, tröstende und helfende Freunde verwandelt. Wer hat nicht, wenigstens in schwächeren Graden, etwas der Art an sich selbst erlebt und, von irgend einem Unglücksfall betroffen, mit Ueberraschung gesehen, daß Die, welche bisher die größte Kälte, sogar Uebelwollen gegen ihn verriethen, jetzt mit ungeheuchelter Theilnahme an ihn herantraten. Denn Unglück ist die Bedingung des Mitleids und Mitleid die Quelle der Menschenliebe. – Dieser Betrachtung verwandt ist die Bemerkung, daß unsern Zorn, selbst wenn er gerecht ist, nichts so schnell besänftigt, wie hinsichtlich des Gegenstandes desselben die Rede: «es ist ein Unglücklicher». Denn was für das Feuer der Regen, das ist für den Zorn das Mitleid. Dieserhalb rathe ich Dem, der nicht gern etwas zu bereuen haben möchte, daß, wenn er von Zorn gegen einen Andern entbrannt, diesem ein großes leid zuzufügen gedenkt, er sich lebhaft vorstellen möge, er hätte es ihm bereits zugefügt, sähe ihn jetzt mit seinen geistigen, oder körperlichen Schmerzen, oder Noth und Elend, ringen, und müßte zu sich sagen: das ist mein Werk. Wenn irgend Etwas, so vermag dieses seinen Zorn zu dämpfen. Denn Mitleid ist das rechte Gegengift des Zorns, und durch jenen Kunstgriff gegen sich selbst anticipirt man, während es noch Zeit ist.

Das Mitleid, denn es läßt, siehst du des Feindes Not,
An dem du dich gerächt, vernehmen sein Gebot
(Voltaire, Semiramis, V, 6)

Ueberhaupt wird unsere gehässige Stimmung gegen Andere durch nichts so leicht beseitigt, als wenn wir einen Gesichtspunkt fassen, von welchem aus sie unser Mitleid in Anspruch nehmen. – Sogar daß Eltern, in der Regel, das kränkliche Kind am meisten lieben, beruht darauf, daß es immerfort Mitleid erregt.

7) Die von mir aufgestellte moralische Triebfeder bewährt sich als die ächte ferner dadurch, daß sie auch DIE THIERE in ihren Schutz nimmt, für welche in den andern Europäischen Moralsystemen so unverantwortlich schlecht gesorgt ist. Die vermeinte Rechtlosigkeit der Thiere, der Wahn, daß unser Handeln gegen sie ohne moralische Bedeutung sei, oder, wie es in der Sprache jener Moral heißt, daß es gegen Thiere keine Pflichten gebe, ist geradezu eine empörende Rohheit und Barbarei des Occidents, deren Quelle im Judenthum liegt. In der Philosophie beruht sie auf der aller Evidenz zum Trotz angenommenen gänzlichen Verschiedenheit zwischen Mensch und Thier, welche bekanntlich am entschiedensten und grellsten von KARTESIUS ausgesprochen ward, als eine nothwendige Konsequenz seiner Irrthümer. Als nämlich die Kartesisch-Leibnitz-Wolffische Philosophie aus abstrakten Begriffen die rationale Psychologie aufbaute und eine unsterbliche *anima rationalis* konstruirte; da traten die natürlichen Ansprüche der Thierwelt diesem exklusiven Privilegio und Unsterblichkeits-Patent der Menschenspecies augenscheinlich entgegen, und die Natur legte, wie bei allen solchen Gelegenheiten, still ihren Protest ein. Nun mußten die von ihrem intellektuellen Gewissen geängstigten Philosophen suchen, die rationale Psychologie durch die empirische zu stützen und daher bemüht seyn, zwischen Mensch und Thier eine ungeheuere Kluft, einen unermeßlichen Abstand zu eröffnen, um, aller Evidenz zum Trotz, sie als von Grund aus verschieden darzustellen. Solcher Bemühungen spottet schon BOILEAU:

Gehn auch die Tiere wohl zur Universität?
Und schreiben sie sich ein bei einer Fakultät?
(Boileau, Satire, VIII, 165)

Da sollten am Ende gar die Thiere sich nicht von der Außenwelt zu unterscheiden wissen und kein Bewußtseyn ihrer selbst, kein Ich haben! Gegen solche abgeschmackte Behauptungen darf man nur auf den jedem Thiere, selbst dem kleinsten und letzten, inwohnenden gränzenlosen Egoismus hindeuten, der hinlänglich bezeugt, wie sehr die Thiere sich ihres Ichs, der Welt oder dem Nicht-Ich gegenüber, bewußt sind. Wenn so ein Kartesianer sich zwischen den Klauen eines Tigers befände, würde er auf das deutlichste inne werden, welchen scharfen Unterschied ein solcher zwischen seinem Ich und Nicht-Ich setzt. Solchen Sophistikationen der Philosophen entsprechend finden wir, auf dem populären Wege, die Eigenheit mancher Sprachen, namentlich der deutschen, daß sie für das Essen, Trinken, Schwangerseyn, Gebären, Sterben und den Leichnam der Thiere ganz eigene Worte haben, um nicht die gebrauchen zu müssen, welche jene Akte beim Menschen bezeichnen, und so unter der Diversität der Worte die vollkommene Identität der Sache zu verstecken. Da die alten Sprachen eine solche Duplicität der Ausdrücke nicht kennen, sondern unbefangen die selbe Sache mit dem selben Worte bezeichnen; so ist jener elende Kunstgriff ohne Zweifel das Werk Europäischer Pfaffenschaft, die, in ihrer Profanität, nicht glaubt weit genug gehen zu können im Verleugnen und Lästern des ewigen Wesens, welches in allen Thieren lebt; wodurch sie den Grund gelegt hat zu der in Europa üblichen Härte und Grausamkeit gegen Thiere, auf welche ein Hochasiate nur mit gerechtem Abscheu hinsehen kann. In der Englischen Sprache begegnen wir jenem nichtswürdigen Kunstgriff nicht; ohne Zweifel, weil die Sachsen, als sie England eroberten, noch keine Christen waren. Dagegen findet sich ein Analogon desselben in der Eigenthümlichkeit, daß im

Englischen alle Thiere *generis neutrius* (sächlichen Geschlechts) sind und daher durch das Pronomen *it* (es) vertreten werden, ganz wie leblose Dinge; welches, zumal bei den Primaten, wie Hunde, Affen u. s. w., ganz empörend ausfällt und unverkennbar ein Pfaffenkniff ist, um die Thiere zu Sachen herabzusetzen. Die alten Aegypter, deren ganzes Leben religiösen Zwekken geweiht war, setzten in den selben Grüften die Mumien der Menschen und die der Ibisse, Krokodile u. s. w. bei: aber in Europa ist es ein Gräuel und Verbrechen, wenn der treue Hund neben der Ruhestätte seines Herrn begraben wird, auf welcher er bisweilen, aus einer Treue und Anhänglichkeit, wie sie beim Menschengeschlechte nicht gefunden wird, seinen eigenen Tod abgewartet hat. – Auf die Erkenntniß der Identität des Wesentlichen in der Erscheinung des Thiers und der des Menschen leitet nichts entschiedener hin, als die Beschäftigung mit Zoologie und Anatomie: was soll man daher sagen, wenn heut zu Tage (1839) ein frömmelnder Zootom einen absoluten und radikalen Unterschied zwischen Mensch und Thier zu urgiren sich erdreistet und hierin so weit geht, die redlichen Zoologen, welche, fern von aller Pfäfferei, Augendienerei und Tartüffianismus, an der Hand der Natur und Wahrheit ihren Weg verfolgen, anzugreifen und zu verunglimpfen?

Man muß wahrlich an allen Sinnen blind, oder vom *foetor Judaicus* total chloroformirt seyn, um nicht zu erkennen, daß das Wesentliche und Hauptsächliche im Thiere und im Menschen das Selbe ist, und daß was Beide unterscheidet, nicht im Primären, im Prinzip, im Archäus, im innern Wesen, im Kern bieder Erscheinungen liegt, als welcher in der einen wie in der andern DER WILLE des Individuums ist, sondern allein im Sekundären, im Intellekt, im Grad der Erkenntnißkraft, welcher beim Menschen, durch das hinzugekommene Vermögen ABSTRAKTER Erkenntniß, genannt VERNUNFT, ein ungleich höherer ist, jedoch erweislich nur vermöge einer größern cerebralen Entwickelung, also der somatischen Verschiedenheit eines einzigen Theiles, des Gehirns, und namentlich seiner Quantität nach. Hingegen ist des Gleichartigen zwischen Thier und Mensch, sowohl psychisch als somatisch, ohne allen Vergleich mehr. So einem occidentalischen, judaisirten Thierverächter und Vernunftidolater muß man in Erinnerung bringen, daß, wie ER von SEINER Mutter, so auch der Hund von der SEINIGEN gesäugt worden ist. Daß sogar KANT in jenen Fehler der Zeit- und Landesgenossen gefallen ist, habe ich oben gerügt. Daß die Moral des Christenthums die Thiere nicht berücksichtigt, ist ein Mangel derselben, den es besser ist einzugestehen, als zu perpetuiren, und über den man sich um so mehr wundern muß, als diese Moral im Uebrigen die größte Uebereinstimmung zeigt mit der des Brahmanismus und Buddhaismus, bloß weniger stark ausgedrückt und nicht bis zu den Extremen durchgeführt ist; daher man kaum zweifeln kann, daß sie, wie auch die Idee von einem Mensch gewordenen Gotte (Avatar), aus Indien stammt und über Aegytpen nach Judäa gekommen seyn mag; so daß das Christenthum ein Abglanz Indischen Urlichtes von den Ruinen Aegyptens wäre, welcher aber leider auf Jüdischen Boden fiel. Als ein artiges SYMBOL des eben gerügten Mangels in der christlichen Moral, bei ihrer sonstigen großen Uebereinstimmung mit der Indischen, ließe sich der Umstand auffassen, daß Johannes der Täufer ganz in der Weise eines Indischen Saniassi's auftritt, dabei aber – in Thierfelle gekleidet! welches bekanntlich jedem Hindu ein Gräuel seyn würde; da sogar die Königliche Societät zu Kalkutta ihr Exemplar der

Veden nur unter dem Versprechen erhielt, daß sie es nicht, nach Europäischer Weise, in Leder binden lassen würde: daher es sich in ihrer Bibliothek in Seide gebunden vorfindet. Einen ähnlichen, charakteristischen Kontrast bietet die Evangelische Geschichte vom Fischzuge Petri, den der Heiland, durch ein Wunder, dermaaßen segnet, daß die Böte mit Fischen bis zum Sinken überfüllt werden (Luk. 5), mit der Geschichte von dem in Aegyptische Weisheit eingeweihten Pythagoras, welcher den Fischern ihren Zug, während das Netz noch unter dem Wasser liegt, abkauft, um sodann allen gefangenen Fischen ihre Freiheit zu schenken *(Apul. de magia, p. 36. Bip.)*. – Mitleid mit Thieren hängt mit der Güte des Charakters so genau zusammen, daß man zuversichtlich behaupten darf, wer gegen Thiere grausam ist, könne kein guter Mensch seyn. Auch zeigt dieses Mitleid sich als aus der selben Quelle mit der gegen Menschen zu übenden Tugend entsprungen. So z. B. werden fein fühlende Personen, bei der Erinnerung, daß sie, in übler Laune, im Zorn, oder vom Wein erhitzt, ihren Hund, ihr Pferd, ihren Affen unverdienter oder unnöthiger Weise, oder über die Gebühr gemißhandelt haben, die selbe Reue, die selbe Unzufriedenheit mit sich selbst empfinden, welche bei der Erinnerung an gegen Menschen verübtes Unrecht empfunden wird, wo sie die Stimme des strafenden Gewissens heißt. Ich erinnere mich, gelesen zu haben, daß ein Engländer, der in Indien, auf der Jagd, einen Affen geschossen hatte, den Blick, welchen dieser im Sterben auf ihn warf, nicht vergessen gekonnt und seitdem nie mehr auf Affen geschossen hat. Eben so Wilhelm Harris, ein wahrer Nimrod, der, bloß um das Vergnügen der Jagd zu genießen, in den Jahren 1836 und 1837 tief in das innere Afrika reiste. In seiner 1838 zu Bombay erschienenen Reise erzählt er, daß, nachdem er den ersten Elephanten, welches ein weiblicher war, erlegt hatte und am folgenden Morgen das gefallene Thier aufsuchte, alle anderen Elephanten aus der Gegend entflohen waren: bloß das Junge des gefallenen hatte die Nacht bei der todten Mutter zugebracht, kam jetzt, alle Furcht vergessend, den Jägern mit den lebhaftesten und deutlichsten Bezeugungen seines trostlosen Jammers entgegen und umschlang sie mit seinem kleinen Rüssel, um ihre Hüfte anzurufen. Da, sagt Harris, habe ihn eine wahre Reue über seine That ergriffen und sei ihm zu Muthe gewesen, als hätte er einen Mord begangen. Diese fein fühlende Englische Nation sehen wir, vor allen anderen, durch ein hervorstechendes Mitleid mit Thieren ausgezeichnet, welches sich bei jeder Gelegenheit kund giebt und die Macht gehabt hat, dieselbe, dem sie überaus degradirenden «kalten Aberglauben» (genauer: der «kalte Glaube»; Fürst Pückler, Briefe eines Verstorbenen) zum Trotz, dahin zu bewegen, daß sie die in der Moral von der Religion gelassene Lücke durch die Gesetzgebung ausfüllte. Denn diese Lücke eben ist Ursache, daß man in Europa und Amerika der Thier-Schutz-Vereine bedarf, welche selbst nur mittelst Hülfe der Justiz und Polizei wirken können. In Asien gewähren die Religionen den Thieren hinlänglichen Schutz, daher dort kein Mensch an dergleichen Vereine denkt. Indessen erwacht auch in Europa mehr und mehr der Sinn für die Rechte der Thiere, in dem Maaße, als die seltsamen Begriffe von einer bloß zum Nutzen und Ergötzen der Menschen ins Daseyn gekommenen Thierwelt, in Folge welcher man die Thiere ganz als Sachen behandelt, allmälig verblassen und verschwinden. Denn diese sind die Quelle der rohen und ganz rücksichtslosen Behandlung der Thiere in Europa, und habe ich den Alttestamentlichen Ursprung derselben nachgewiesen im zweiten Bande der Parerga. Zum Ruhme der Engländer also sei es gesagt, daß bei ihnen zuerst das Gesetz auch die Thiere ganz ernstlich gegen grausame Behandlung in Schutz genommen hat, und der Bösewicht es wirklich büßen muß, daß er gegen Thiere, selbst wenn sie ihm gehören, gefrevelt hat. Ja, hiermit noch nicht zufrieden, besteht in London eine zum Schutz der Thiere freiwillig zusammengetretene Gesellschaft, *Society for the prevention of cruelty to animals*, welche, auf Privatwegen, mit bedeutendem Aufwande, sehr viel thut, um der Thierquälerei entgegen zu arbeiten. Ihre Emissarien passen heimlich auf, um nachher als Denunzianten der Quäler sprachloser, empfindender Wesen aufzutreten, und überall hat man deren Gegenwart zu befürchten.* Bei steilen Brücken in London hält die Gesellschaft ein Gespann Pferde, welches jedem schwer beladenen Wagen unentgeltlich vorgelegt wird. Ist das nicht schön? Erzwingt es

* Wie ernstlich die Sache genommen wird, zeigt das folgende ganz frische Beispiel, welches ich aus dem *Birmingham-Journal* vom December 1839 übersetze: «Gefangennehmung einer Gesellschaft von 84 Hundehetzern. – Da man erfahren hatte, daß gestern auf dem Plan in der Fuchsstraße zu Birmingham eine Hundehetze Statt finden sollte, ergriff die «Gesellschaft der Thierfreunde Vorsichtsmaaßregeln, um sich der Hülfe «der Polizei zu versichern, von welcher ein starkes Detachement nach dem «Kampfplatze marschirte und, sobald es eingelassen worden, die gesammte «gegenwärtige Gesellschaft arretirte. Diese Theilnehmer wurden nunmehr paarweise mit Handschlingen aneinandergebunden und dann das «Ganze durch ein langes Seil in der Mitte vereinigt: so wurden sie nach «dem Polizeiamt geführt, woselbst der Bürgermeister mit dem Magistrat «Sitzung hielt. Die beiden Hauptpersonen wurden jede zu einer Strafe «von 1 Pfund Sterling nebst 8½ Schilling Kosten und im Nichtzahlungs«fall zu 14 Tage schwerer Arbeit im Zuchthause verurtheilt. Die übrigen «wurden entlassen.» – Die Stutzer, welche bei solchen noblen Pläsirs nie zu fehlen pflegen, werden in der Procession sehr genirt ausgesehen haben.- Aber ein noch strengeres Exempel aus neuerer Zeit finden wir in den *Times* vom 6. April 1855, S. 6, und zwar eigentlich von dieser Zeitung selbst sta-

nicht unsern Beifall, so gut wie eine Wohlthat gegen Menschen? Auch die *Philantropic Society* zu London setzte ihrerseits im Jahre 1837 einen Preis von 30 Pfund aus, für die beste Darlegung moralischer Gründe gegen Thierquälerei, welche jedoch hauptsächlich aus dem Christenthum genommen seyn sollten, wodurch freilich die Aufgabe erschwert war: der Preis ist 1839 dem Herrn Macnamara zuerkannt worden. In Philadelphia besteht, zu ähnlichen Zwecken, eine *Animals friends Society*. Dem Präsidenten derselben hat T. Forster (ein Engländer) sein Buch *Philozoia, moral reflections on the actual condition of animals and the means of improving the same* (Brüssel 1839) dedicirt. Das Buch ist originell und gut geschrieben. Als Engländer sucht der Verfasser seine Ermahnungen zu menschlicher Behandlung der Thiere natürlich auch auf die Bibel zu stützen,

tuirt. Sie berichtet nämlich den gerichtlich gewordenen Fall der Tochter eines sehr begüterten Schottischen Baronets, welche ihr Pferd höchst grausam, mit Knüttel und Messer, gepeinigt hatte, wofür sie zu 5 Pfund Sterling Strafe verurtheilt worden war. Daraus nun aber macht so ein Mädchen sich nichts, und würde also eigentlich ungestraft davon gehüpft seyn, wenn nicht die *Times* mit der rechten und empfindlichen Züchtigung nachgekommen wären, indem sie, die Vor- und Zunamen des Mädchens zwei Mal, mit großen Buchstaben hinsetzend, fortfahren: «Wir «können nicht umhin, zu sagen, daß ein Paar Monat Gefängnißstrafe, «nebst einigen, privatim, aber vom handfestesten Weibe in Hampshire ap«plicirten Auspeitschungen eine viel passendere Bestrafung der Miß *N. N.* «gewesen seyn würde. Eine Elende dieser Art hat alle ihrem Geschlechte «zustehenden Rücksichten und Vorrechte verwirkt: wir können sie nicht «mehr als ein Weib betrachten.» – Ich widme diese Zeitungsnachrichten besonders den jetzt in Deutschland errichteten Vereinen gegen Thierquälerei, damit sie sehen, wie man es angreifen muß, wenn es etwas werden soll; wiewohl ich dem preiswürdigen Eifer des Herrn Hofrath Perner in München, der sich diesem Zweige der Wohltätigkeit gänzlich gewidmet hat und die Anregung dazu über ganz Deutschland verbreitet, meine volle Anerkennung zolle.

gleitet jedoch überall ab; so daß er endlich zu dem Argument greift, Jesus Christus sei ja im Stalle bei Oechselein und Eselein geboren, wodurch symbolisch angedeutet wäre, daß wir die Thiere als unsere Brüder zu betrachten und demgemäß zu behandeln hätten. – Alles hier Angeführte bezeugt, daß die in Rede stehende moralische Seite nachgerade auch in der occidentalischen Welt anzuklingen beginnt. Daß übrigens das Mitleid mit Thieren nicht so weit führen muß, daß wir, wie die Brahmanen, uns der thierischen Nahrung zu enthalten hätten, beruht darauf, daß in der Natur die Fähigkeit zum Leiden gleichen Schritt hält mit der Intelligenz; weshalb der Mensch durch Entbehrung der thierischen Nahrung, zumal im Norden, mehr leiden würde, als das Thier durch einen schnellen und stets unvorhergesehenen Tod, welchen man jedoch mittelst Chloroform noch mehr erleichtern sollte. Ohne thierische Nahrung hingegen würde das Menschengeschlecht im Norden nicht ein Mal bestehen können. Nach dem selben Maaßstabe läßt der Mensch das Thier auch für sich arbeiten, und nur das Uebermaaß der aufgelegten Anstrengung wird zur Grausamkeit.

8) Sehen wir ein Mal ganz ab von aller, vielleicht möglichen, metaphysischen Erforschung des letzten Grundes jenes Mitleids, aus welchem allein die nicht-egoistischen Handlungen hervorgehen können, und betrachten wir dasselbe vom empirischen Standpunkt aus, bloß als Naturanstalt; so wird Jedem einleuchten, daß zu möglichster Linderung der zahllosen und vielgestalteten Leiden, denen unser Leben ausgesetzt ist und welchen Keiner ganz entgeht, wie zugleich als Gegengewicht des brennenden Egoismus, der alle Wesen erfüllt und oft in Bosheit übergeht, – die Natur nichts Wirksameres leisten konnte, als daß sie in das menschliche Herz jene wundersame

Anlage pflanzte, vermöge welcher das Leiden des Einen vom Andern mitempfunden wird, und aus der die Stimme hervorgeht, welche, je nachdem der Anlaß ist, Diesem «Schone!» Jenem «Hilf!» stark und vernehmlich zuruft. Gewiß war von dem hieraus entspringenden gegenseitigen Beistande für die Wohlfahrt Aller mehr zu hoffen, als von einem allgemeinen und abstrakten, aus gewissen Vernunftbetrachtungen und Begriffskombinationen sich ergebenden, strengen Pflichtgebot, von welchem um so weniger Erfolg zu erwarten stände, als dem rohen Menschen allgemeine Sätze und abstrakte Wahrheiten ganz unverständlich sind, indem für ihn nur das Konkrete etwas ist, – die ganze Menschheit aber, mit Ausnahme eines äußerst kleinen Theils, stets roh war und bleiben muß, weil die viele, für das Ganze unumgänglich nöthige körperliche Arbeit die Ausbildung des Geistes nicht zuläßt. Hingegen zur Erweckung des als die ALLEINIGE QUELLE UNEIGENNÜTZIGER HANDLUNGEN UND DESHALB ALS DIE WAHRE BASIS DER MORALITÄT nachgewiesenen Mitleids, bedarf es keiner abstrakten, sondern nur der anschauenden Erkenntniß, der bloßen Auffassung des konkreten Falles, auf welche dasselbe, ohne weitere Gedankenvermittlung, sogleich anspricht.

9) In völliger Uebereinstimmung mit dieser letzten Betrachtung werden wir folgenden Umstand finden. Die Begründung, welche ich der Ethik gegeben habe, läßt mich zwar unter den Schulphilosophen ohne Vorgänger, ja, sie ist, in Beziehung auf die Lehrmeinungen dieser, paradox, indem Manche von ihnen, z. B. die Stoiker *(Sen., De clem., II, 5)*, Spinoza *(Eth., IV, prop. 50)*, Kant (Kritik der praktischen Vernunft, S. 213; – R., S. 257), das Mitleid geradezu verwerfen und tadeln. Dagegen aber hat meine Begründung die Autorität des größten Moralisten der ganzen neuern Zeit für sich:

denn dies ist, ohne Zweifel, J. J. Rousseau, der tiefe Kenner des menschlichen Herzens, der seine Weisheit nicht aus Büchern, sondern aus dem Leben schöpfte, und seine Lehre nicht für das Katheder, sondern für die Menschheit bestimmte, er, der Feind der Vorurtheile, der Zögling der Natur, welchem allein sie die Gabe verliehen hatte, moralisiren zu können, ohne langweilig zu seyn, weil er die Wahrheit traf und das Herz rührte. Von ihm also will ich einige Stellen zur Bestätigung meiner Ansicht herzusetzen mir erlauben, nachdem ich im Bisherigen mit Anführungen so sparsam wie möglich gewesen bin.

Im *Discours sur l'origine de l'inégalité*, S. 91 (edit. Bip.), sagt er: «Es gibt ein anderes Prinzip, welches Hobbes gar nicht bemerkt hat und welches dem Menschen verliehen worden ist, um unter gewissen Umständen die Wildheit seiner Eigenliebe zu mildern und um den Eifer, den er für sein eigenes Wohlergehen hat, zu dämpfen *durch ein angeborenes Widerstreben, seinesgleichen leiden zu sehen.* Ich glaube keinen Widerspruch befürchten zu müssen, wenn ich dem Menschen *die einzige natürliche Tugend* zuschreibe, welche der eifrigste Verächter der menschlichen Tugenden anzuerkennen gezwungen ist. Ich meine *das Mitleid* usw. – *S. 92:* Mandeville hat richtig erkannt, daß die Menschen mit aller ihrer Moral nie etwas anderes gewesen wären als Scheusale, hätte nicht die Natur ihnen zur Unterstützung ihrer Vernunft *das Mitleid* gegeben; aber er hat nicht gesehen, daß *allein aus dieser Eigenschaft alle sozialen Tugenden* entspringen, welche er den Menschen absprechen will. Und in Wahrheit, was sind Großmut, Milde, Humanität anderes als ein *Mitleid*, welches sich der Schwachen, der Schuldigen, ja der ganzen Menschheit annimmt? Das Wohlwollen und selbst die Freundschaft sind, recht verstanden, die Folgen eines beständigen Mitleids, welches sich auf einen besonderen Gegenstand richtet; denn zu wünschen, daß jemand nicht leide, ist doch nichts anderes als zu wünschen, er möge glücklich sein. – – Das Mitgefühl wird um so stärker sein, je inniger *sich der Zuschauer mit dem Leidenden identifiziert. – S. 94:* Es ist also ganz gewiß, daß das Mitleid ein natürliches Gefühl ist, welches in jedem Individuum die Liebe zu sich selbst mildert und dadurch zur wechselseitigen Erhaltung der ganzen Gattung beiträgt. Das Mitleid ist es, welches jeden rohen Wilden abhalten wird, einem schwachen Kinde oder einem hilflosen Greise seine mühsam erlangte Subsistenz zu rauben, solange er selbst hoffen kann, die seinige auf anderem Wege zu finden; das Mitleid ist es, welches statt jener erhabenen Maxime der vernunftgemäßen Gerechtigkeit: ‹Behandle den andern, wie du willst, daß man dich behandle›, allen Menschen jene andere, weniger vollkommene, aber vielleicht nützlichere Maxime der natürlichen Güte einflößt: ‹Betreibe dein Wohlsein so, daß die andern möglichst wenig darunter leiden.› Mit einem Worte, *in diesem natürlichen Gefühl, viel mehr als in subtilen Argumenten, hat man die Ursache zu sehen für das Widerstreben, welches jeder Mensch empfindet, Böses zu tun,* ganz unabhängig von Grundsätzen der Erziehung.» *(Rousseau, Discours sur l'origine de l'inégalité, (Œuvres, ed. Bip. T. I, pp. 91, 92, 94)* – Hiemit vergleiche man, was er sagt im *Emile, L. IV, p. 115-120 (ed. Bip.),* wo es unter Anderm heißt: «In der Tat, wie ist es möglich, daß wir uns zum Mitleid bewegen lassen, wenn nicht dadurch, daß wir uns außerhalb unserer selbst versetzen *und uns mit dem Wesen, welches leidet, identifizieren, dadurch daß wir sozusagen unser Selbst aufgeben, um das seinige anzunehmen.* Wir leiden dabei nur in dem Maße, wie wir glauben, daß es leidet; *nicht in uns leiden wir, sondern in ihm.* ––– man muß dem jungen Menschen Gegenstände vorführen, bei welchen die expansive Kraft des Herzens sich betätigen kann, welche es ausweiten, welche es über die andern Wesen ausdehnen, welche ihn veranlassen, sich überall außerhalb seiner wiederzufinden; und hingegen sorgfältig alles vermeiden, was sein Herz verengen und zusammenziehen, was die Triebfeder des menschlichen Ich anspannen könnte, usw.» *(Rousseau, Emile, L. IV, ed. Bip. p. 115f.)*

Von Autoritäten abseiten der Schulen, wie gesagt, entblößt, führe ich noch an, daß die CHINESEN fünf Kardinaltugenden *(Tschang)* annehmen, unter welchen das Mitleid *(Sin)* obenansteht. Die übrigen vier sind: Gerechtigkeit, Höflichkeit, Weisheit und Aufrichtigkeit.* Dem entsprechend sehen wir auch bei den Hindu, auf den zum Andenken verstorbener Fürsten errichteten Gedächtnißtafeln, unter den ihnen nachgerühmten Tugenden das Mitleid mit Menschen und Thieren die erste Stelle einnehmen. In Athen hatte das Mitleid einen Altar auf dem Forum: «Die Athener haben auf dem Markt einen Altar des Mitleids, einer Gottheit, welcher sie allein unter den Griechen Verehrung erweisen, weil sie am meisten unter allen Göttern im menschlichen Leben und bei den Wechselfällen der Dinge von Einfluß ist» (Pausanias, I, 17, I). Diesen Altar erwähnt auch Lukianos im Timon, §. 99. – Ein von Stobäos uns aufbehaltener Ausspruch des Phokion stellt das Mitleid als das Allerheiligste im Menschen dar: «Man darf den Altar nicht aus dem Tempel und das Mitleid nicht aus dem Menschenherzen reißen» (Stobaios, Florilegium, I, 31). In der *Sapientia Indorum*, welches die Griechische Uebersetzung des Pantscha

* *Journ. Asiatique, Vol. 9, p. 62,* zu vergleichen mit *Meng-Tseu, ed. Stan. Julien,* 1824, L. I, §. 45; auch mit *Meng-Tseu* in den *Livres sacrés de l'Orient par Pauthier, p. 281.*

Tantra ist, heißt es *(Sect. 3, p. 220):* «Es heißt, daß das Mitleid für die erste aller Tugenden gehalten wird» (Sapientia Indorum, sect. III, p. 220). Man sieht, daß alle Zeiten und alle Länder sehr wohl die Quelle der Moralität erkannt haben; nur Europa nicht; woran allein der *foetor Judaicus* Schuld ist, der hier Alles und Alles durchzieht: da muß es dann schlechterdings ein Pflichtgebot, ein Sittengesetz, ein Imperativ, kurzum, eine Ordre und Kommando seyn, dem parirt wird: davon gehen sie nicht ab, und wollen nicht einsehen, daß Dergleichen immer nur den Egoismus zur Grundlage hat. Bei Einzelnen freilich und Ueberlegenen hat die gefühlte Wahrheit sich kund gegeben: so bei Rousseau, wie oben angeführt; und auch Lessing, in einem Briefe von 1756, sagt: «Der mitleidigste Mensch ist der beste Mensch, zu allen gesellschaftlichen Tugenden, zu allen Arten der Großmuth der aufgelegteste.»

Vom ethischen Unterschiede der Charaktere.

Die letzte Frage, deren Beantwortung zur Vollständigkeit des dargelegten Fundaments der Ethik gehört, ist diese: Worauf beruht der so große Unterschied im moralischen Verhalten der Menschen? Wenn Mitleid die Grundtriebfeder aller ächten, d. h. uneigennützigen Gerechtigkeit und Menschenliebe ist; warum wird der Eine, der Andere aber nicht dadurch bewogen? – Vermag vielleicht die Ethik, indem sie die moralische Triebfeder aufdeckt, auch sie in Thätigkeit zu versetzen? Kann sie den hartherzigen Menschen in einen mitleidigen und dadurch in einen gerechten und menschenfreundlichen umschaffen? – Gewiß nicht: der Unterschied der Charaktere ist angeboren und unvertilgbar. Dem Boshaften ist seine Bosheit so angeboren, wie der Schlange ihre Giftzähne und Giftblase;

und so wenig wie sie kann er es ändern. *Velle non discitur* (wollen läßt sich nicht lernen; Seneca, Epistulae, 81, 14), hat der Erzieher des Nero gesagt. PLATO untersucht im Meno ausführlich, ob die Tugend sich lehren lasse, oder nicht: er führt eine Stelle des Theognis an:

doch durch Belehrung
wird nie der böse Mensch zu einem guten gemacht
(Theognis bei Platon, Menon, p. 96 A)

und gelangt zu dem Resultate: «Tugend ist weder angeboren noch lehrbar, sondern sie wird durch göttliche Fügung, ohne den Verstand, denen zuteil, welchen sie zuteil wird» (Platon, Menon, p. 99 E); wobei mir der Unterschied zwischen *φυσει* und *ϑειᾳ μοιϱᾳ* ungefähr den zwischen Physisch und Metaphysisch zu bezeichnen scheint. Schon der Vater der Ethik, SOKRATES, hat, nach Angabe des ARISTOTELES, behauptet: «es stehe nicht bei uns, ob wir gut oder böse sind» (Aristoteles, Ethica magna, I, 9, 1187 a 7). Aristoteles selbst äußert sich in gleichem Sinn: «Es scheint nämlich, daß allen die einzelnen Charakterzüge schon irgendwie von Natur aus eigen sind; denn gerecht und mäßig und tapfer und anderes mehr zu sein, ist uns schon von Geburt an zu eigen» (Aristoteles, Ethica ad Nicomachum, VI, 13, 1144 b 4). Desgleichen finden wir diese Ueberzeugung sehr entschieden ausgesprochen in den jedenfalls sehr alten, wenn auch vielleicht nicht ächten Fragmenten des Pythagoreers Archytas, welche uns Stobäos aufbehalten hat im *Florilegio, Tit. I, §. 77.* Sie sind auch abgedruckt in den *Opusculis Graecorum sententiosis et moralibus, edente Orellio, Vol. 2, p. 240.* Daselbst also heißt es, im Dorischen Dialekt: «Denn diejenigen Tugenden, welche auf Belehrung und Beweisen beruhen, muß man als ein Wissen bezeichnen, die ethische Tugend aber, welche die beste ist, vielmehr als eine Anlage des unvernünftigen Teils der Seele, auf Grund deren wir angesehn werden als eine bestimmte ethische Beschaffenheit besitzend, zum Beispiel als freigebig, gerecht und mäßig» (Archytas bei Stobaios, Florilegium, I, § 77). Wenn man die sämmtlichen Tugenden und Laster, welche ARISTOTELES im Buche *de virtutibus et vitiis* zu kurzer Uebersicht zusammengestellt hat, überblickt; so wird man finden, daß sie alle sich nur denken lassen als angeborene Eigenschaften, ja, nur als solche ächt seyn können; hingegen wenn sie, in Folge vernünftiger Ueberlegung, willkürlich angenommen wären, eigentlich auf Verstellung hinauslaufen und unächt seyn würden: daher alsdann auf ihren Fortbestand und Bewährung im Drange der Umstände durchaus nicht zu rechnen wäre. Nicht anders verhält es sich auch mit der Tugend der Menschenliebe, die bei Aristoteles, wie bei allen Alten, fehlt. In gleichem Sinne daher, wenn auch seinen skeptischen Ton beibehaltend, sagt MONTAIGNE: «Kann es wahr sein, daß wir, um vollkommen gut zu sein, es vermöge einer verborgenen, natürlichen und allgemeinen Beschaffenheit, ohne Gesetz, ohne Vernunft, ohne Beispiel sein müssen?» (Montaigne, Essais, L. II, chap. 11)

LICHTENBERG aber sagt geradezu: «Alle Tugend aus Vorsatz taugt nicht viel. Gefühl, oder Gewohnheit ist das Ding.» (Lichtenberg, Vermischte Schriften, 1844, I, S. 142.) Aber sogar die ursprüngliche Lehre des Christenthums stimmt dieser Ansicht bei, indem es, in der Bergpredigt selbst, bei Lukas, Kap. 6, V. 45, heißt: «ein guter Mensch bringt Gutes hervor aus dem guten Schatz seines Herzens; und ein böser Mensch bringt Böses hervor aus dem bösen Schatz seines Herzens», nachdem, in den beiden vorhergehenden Versen, die bildliche

Erläuterung der Sache, durch die Frucht, welche stets dem Baum gemäß ausfällt, vorangeschickt war.
Kant aber ist es, der zuerst diesen wichtigen Punkt vollkommen aufgeklärt hat, durch seine große Lehre, daß dem empirischen Charakter, der, als eine Erscheinung, sich in der Zeit und in einer Vielheit von Handlungen darstellt, der intelligibele Charakter zum Grunde liegt, welcher die Beschaffenheit des Dinges an sich jener Erscheinung und daher von Raum und Zeit, Vielheit und Veränderung, unabhängig ist. Hieraus allein wird die jedem Erfahrenen bekannte, so erstaunliche, starre Unveränderlichkeit der Charaktere erklärlich, welche die Wirklichkeit und Erfahrung den Versprechungen einer den Menschen moralisch bessern wollenden und von Fortschritten in der Tugend redenden Ethik allezeit siegreich entgegengehalten und dadurch bewiesen hat, daß die Tugend angeboren und nicht angepredigt wird. Wenn nicht der Charakter, als Ursprüngliches, unveränderlich und daher aller Besserung, mittelst Berichtigung der Erkenntniß, unzugänglich wäre; wenn vielmehr, wie jene platte Ethik es behauptet, eine Besserung des Charakters mittelst der Moral und demnach «ein stetiger Fortschritt zum Guten» möglich wäre; – so müßte, sollen nicht alle die vielen religiösen Anstalten und moralisirenden Bemühungen ihren Zweck verfehlt haben, wenigstens im Durchschnitt, die ältere Hälfte der Menschen bedeutend besser als die jüngere seyn. Davon ist aber so wenig eine Spur, daß wir umgekehrt eher von jungen Leuten etwas Gutes hoffen, als von alten, als welche durch die Erfahrung schlimmer geworden sind. Es kann zwar kommen, daß ein Mensch im Alter etwas besser, ein anderer wiederum schlechter erscheint, als er in der Jugend war: Dies liegt aber bloß daran, daß im Alter, in Folge der reifern und vielfach be-

rechtigten Erkenntniß, der Charakter reiner und deutlicher hervortritt; während in der Jugend Unwissenheit, Irrthümer und Chimären bald falsche Motive vorschoben, bald wirkliche verdeckten [...]. Daß unter den bestraften Verbrechern sich viel mehr junge als alte befinden, kommt daher, daß, wo Anlage zu dergleichen Thaten im Charakter liegt, sie auch bald den Anlaß findet, als That hervorzutreten, und ihr Ziel, Galeere oder Galgen, erreicht: und umgekehrt, wen die Anlässe eines langen Lebens nicht zu Verbrechen haben bewegen können, der wird auch späterhin nicht leicht auf Motive dazu stoßen. Daher scheint mit der wahre Grund der dem Alter gezollten Achtung darin zu liegen, daß ein Alter die Prüfung eines langen Lebens bestanden und seine Unbescholtenheit bewahrt hat: denn dies ist die Bedingung jener Achtung. – Dieser Ansicht gemäß hat man, im wirklichen Leben, sich durch jene Verheißungen der Moralisten auch niemals irre machen lassen; sondern hat Dem, der ein Mal sich schlecht erwiesen, nie mehr getraut, und auf den Edelmuth Dessen, der ein Mal Proben davon abgelegt, nach Allem, was sich auch verändert haben mochte, stets mit Zuversicht hingeblickt. *Operari sequitur Esse* (Handeln folgt aus Sein; Pomponatius, De animi immortalitate, p. 76), ist ein fruchtbarer Satz der Scholastik: jedes Ding in der Welt wirkt nach seiner unveränderlichen Beschaffenheit, die sein Wesen, seine *Essentia* ausmacht; so auch der Mensch. Wie Einer IST, so wird, so muß er handeln, und das *liberum arbitrium indifferentiae* (freie, nach keiner Seite hin beeinflußte Willensentscheidung) ist eine längst explodirte Erfindung aus der Kindheit der Philosophie, mit welcher immerhin sich einige alte Weiber im Doktorhute noch schleppen mögen.

Die drei ethischen Grundtriebfedern des Menschen, Egoismus, Bosheit, Mitleid, sind in Jedem in einem andern und unglaublich verschiedenen Verhältnisse vorhanden. Je nachdem dieses ist, werden die Motive auf ihn wirken und die Handlungen ausfallen. Ueber einen egoistischen Charakter werden nur egoistische Motive Gewalt haben, und die zum Mitleid, wie die zur Bosheit redenden werden nicht dagegen aufkommen: er wird so wenig sein Interesse opfern, um an seinem Feinde Rache zu nehmen, als um seinem Freunde zu helfen. Ein Anderer, der für boshafte Motive stark empfänglich ist, wird oft, um Andern zu schaden, großen eigenen Nachtheil nicht scheuen. Denn es giebt Charaktere, die im Verursachen des fremden Leidens einen Genuß finden, der das eigene eben so große überwiegt: *dum alteri noceat sui negligens* (wenn er nur andern schaden kann, nimmt er keine Rücksicht auf sich selbst; Seneca, De ira, I, 1, 1). Diese gehen mit leidenschaftlicher Wonne in den Kampf, in welchem sie eben so große Verletzungen zu empfangen, als auszutheilen erwarten: ja, sie werden, mit Vorbedacht, Den, der ihnen ein Uebel verursacht hat, morden und gleich darauf, um der Strafe zu entgehen, sich selbst; wie dies die Erfahrung sehr oft gezeigt hat. Hingegen besteht die GÜTE DES HERZENS in einem tief gefühlten, universellen Mitleid mit Allem was Leben hat, zunächst aber mit dem Menschen; weil mit der Steigerung der Intelligenz die Empfänglichkeit für das Leiden gleichen Schritt hält: daher die unzähligen, geistigen und körperlichen Leiden des Menschen das Mitleid viel stärker in Anspruch nehmen, als der allein körperliche und selbst da dumpfere Schmerz des Thieres. Die Güte des Charakters wird demnach zunächst abhalten von jeder Verletzung des Andern, worin es auch sei, sodann aber auch zur Hülfe auffordern, wo immer ein fremdes Leiden sich darbietet. Und auch hiemit kann es eben so weit gehen, wie in umgekehrter Richtung mit der Bosheit, nämlich bis dahin, daß Charaktere von seltener Güte sich fremdes Leiden mehr zu Herzen nehmen, als eigenes, und daher für Andere Opfer bringen, durch welche sie selbst mehr leiden, als vorhin Der, dem sie geholfen. Wo Mehreren oder gar Vielen zugleich dadurch zu helfen ist, werden sie erforderlichenfalls sich ganz aufopfern: so Arnold von Winkelried. Vom PAULINUS, Bischofe zu Nola, im 5. Jahrhundert, während des Einfalls der Vandalen aus Afrika in Italien, erzählt Joh. v. Müller (Weltgeschichte, Buch 10, Kap. 10): «Nachdem er, zum Lösegeld für «Gefangene, alle Schätze der Kirche, sein und seiner Freunde «eigenes Vermögen dargebracht, und er den Jammer einer «Wittwe sah, deren einziger Sohn fortgeführt wurde, bot er «für diesen sich selber zur Dienstbarkeit. Denn wer von gutem «Alter war und nicht vom Schwerdte fiel, wurde gefangen «nach Karthagoe geführt.»

Dieser unglaublich großen, angeborenen und ursprünglichen Verschiedenheit gemäß, werden Jeden nur DIE Motive vorwaltend anregen, für welche er überwiegende Empfänglichkeit hat; so wie der EINE Körper nur auf Säuren, der andere nur auf Alkalien reagirt: und wie Dieses, so ist auch Jenes nicht zu ändern. Die menschenfreundlichen Motive, welche für den guten Charakter so mächtige Antriebe sind, vermögen als solche nichts über Den, der allein für egoistische Motive empfänglich ist. Will man nun diesen dennoch zu menschenfreundlichen Handlungen bringen; so kann es nur geschehen durch die Vorspiegelung, daß die Milderung der fremden Leiden mittelbar, auf irgend einem Wege, zu SEINEM EIGENEN VORTHEIL gereicht (wie denn auch die meisten Sittenlehren eigentlich verschiedenartige Versuche in diesem Sinne sind). Dadurch wird aber sein Wille bloß irre geleitet, nicht gebessert. Zu wirklicher Besserung wäre erfordert, daß man die ganze Art seiner Empfänglichkeit für Motive umwandelte, also z. B. machte, daß dem Einen fremdes Leiden als solches nicht mehr gleichgültig, dem Andern die Verursachung desselben nicht mehr Genuß wäre, oder einem Dritten nicht jede, selbst die geringste Vermehrung des eigenen Wohlseyns alle Motive anderer Art weit überwöge und unwirksam machte. Dies aber ist viel gewisser unmöglich, als daß man Blei in Gold umwandeln könnte. Denn es würde erfordern, daß man dem Menschen gleichsam das Herz im Leibe umkehrte, sein tief Innerstes umschüfe. Hingegen ist Alles, was man zu thun vermag, daß man den Kopf aufhellt, die Einsicht berichtigt, den Menschen zu einer richtigern Auffassung des objektiv Vorhandenen, der wahren Verhältnisse des Lebens bringt. Hiedurch aber wird nichts weiter erreicht, als daß die Beschaffenheit seines Willens sich konsequenter, deutlicher und entschiedener an den Tag legt, sich unverfälscht ausspricht. Denn, wie manche gute Handlungen im Grunde auf falschen Motiven, auf wohlgemeinten Vorspiegelungen eines dadurch in dieser, oder jener Welt zu erlangenden eigenen Vortheils beruhen; so beruhen auch manche Missethaten bloß auf falscher Erkenntniß der menschlichen Lebensverhältnisse. Hierauf gründet sich das Amerikanische Pönitentiarsystem: es beabsichtigt nicht, das Herz des Verbrechers zu bessern, sondern bloß, ihm den Kopf zurechtzusetzen, damit er zu der Einsicht gelange, daß Arbeit und Ehrlichkeit ein sichererer, ja leichterer Weg zum eigenen Wohle sind, als Spitzbüberei.

Durch Motive läßt sich Legalität erzwingen, nicht Moralität: man kann das Handeln umgestalten, nicht aber das eigentliche Wollen, welchem allein moralischer Werth zusteht. Man kann nicht das Ziel verändern, dem der Wille zustrebt, sondern nur den Weg, den er dahin einschlägt. Belehrung kann die Wahl der Mittel ändern, nicht aber die der letzten allgemeinen Zwecke: diese setzt jeder Wille sich, seiner ursprünglichen Natur gemäß. Man kann dem Egoisten zeigen, daß er durch Aufgeben kleiner Vortheile größere erlangen wird; dem Boshaften, daß die Verursachung fremder Leiden größere auf ihn selbst bringen wird. Aber den Egoismus selbst, die Bosheit selbst wird man Keinem ausreden; so wenig, wie der Katze ihre Neigung zum Mausen. Sogar auch die Güte des Charakters kann, durch Vermehrung der Einsicht, durch Belehrung über die Verhältnisse des Lebens, also durch Aufhellung des Kopfes, zu einer folgerechtern und vollkommenern Aeußerung ihres Wesens gebracht werden, z. B. mittelst Nachweisung der entfernteren Folgen, welche unser Thun für Andere hat, wie etwan der Leiden, welche ihnen, mittelbar und erst im Laufe der Zeit, aus dieser oder jener Handlung, die wir für so schlimm nicht hielten, erwachsen: desgleichen durch Belehrung über die nachtheiligen Folgen mancher gutherzigen Handlung, z. B. der Verschonung eines Verbrechers; besonders auch über den Vorrang, welcher dem *Neminem laede* (verletze niemanden) durchgängig vor dem *Omnes juva* (hilf allen) zustehe u. s. f. In dieser Hinsicht giebt es allerdings eine moralische Bildung und eine bessernde Ethik: aber darüber hinaus geht sie nicht, und die Schranke ist leicht abzusehen. Der Kopf wird aufgehellt; das Herz bleibt ungebessert. Das Grundwesentliche, das Entschiedene, im Moralischen, wie im Intellektuellen und wie im Physischen, ist DAS ANGEBORENE: die Kunst kann überall nur nachhelfen. Jeder ist, was er ist, gleichsam «von Gottes Gnaden», *jure divino, θείᾳ μοίρᾳ.*

«Du bist am Ende – WAS DU BIST.
Setz' dir Perücken auf von Millionen Locken,
Setz' deinen Fuß auf ellenhohe Socken:
DU BLEIBST DOCH IMMER WAS DU BIST.»

(Goethe, Faust I, 1806-09)

Aber schon lange höre ich den Leser die Frage aufwerfen: wo bleibt Schuld und Verdienst? – Daselbst hat, was sonst HIER vorzutragen wäre, schon seine Stelle gefunden, weil es in enger Verbindung mit KANTS Lehre vom Zusammenbestehen der Freiheit mit der Nothwendigkeit steht. Das dort Gesagte also bitte ich hier nochmals zu lesen. In Gemäßheit desselben ist das *Operari* (Handeln), beim Eintritt der Motive, durchweg nothwendig: daher kann die FREIHEIT, welche sich allein durch die VERANTWORTLICHKEIT ankündigt, nur im *Esse* (sein) liegen. Die Vorwürfe des Gewissens betreffen zwar zunächst und ostensibel Das, was wir GETHAN HABEN, eigentlich und im Grunde aber Das, was wir SIND, als worüber unsere Thaten allein vollgültiges Zeugniß ablegen, indem sie zu unserm Charakter sich verhalten wie die Symptome zur Krankheit. In diesem *Esse* also, in dem was wir SIND, muß auch Schuld und Verdienst liegen. Was wir an Andern entweder hochachten und lieben, oder verachten und hassen, ist nicht ein Wandelbares und Veränderliches, sondern ein Bleibendes, ein für alle Mal Bestehendes: das was sie SIND: und kommen wir etwan von ihnen zurück; so sagen wir nicht, daß sie sich geändert, sondern daß wir uns in ihnen geirrt haben. Eben so ist der Gegenstand unserer Zufriedenheit und Unzufriedenheit mit uns selbst DAS, WAS WIR SIND, unwiderruflich sind und bleiben: dies erstreckt sich sogar auf die intellektuellen, ja auf die physiognomischen Eigenschaften. Wie sollte also nicht in dem, WAS WIR SIND, Schuld und Verdienst liegen? – Die immer vollständiger werdende Bekanntschaft mit uns selbst, das immer mehr sich füllende PROTOKOLL DER THATEN, ist das GEWISSEN. Das Thema des Gewissens sind zunächst unsere Handlungen, und zwar sind es diejenigen, in welchen wir dem Mitleid, das uns aufforderte, Andere wenigstens nicht zu verletzen, ja sogar ihnen Hülfe und Beistand zu leisten, entweder kein Gehör gegeben haben, weil Egoismus, oder gar Bosheit uns leitete; oder aber, mit Verleugnung dieser beiden, jenem Rufe gefolgt sind. Beide Fälle zeigen die Größe des UNTERSCHIEDES an, den wir ZWISCHEN UNS UND ANDERN machen. Auf DIESEM UNTERSCHIEDE beruhen zuletzt die Grade der Moralität, oder Immoralität, d.h. der Gerechtigkeit und Menschenliebe, wie auch ihres Gegentheils. Die immer reicher werdende Erinnerung der in dieser Hinsicht bedeutsamen Handlungen vollendet mehr und mehr das Bild unsers Charakters, die wahre Bekanntschaft mit uns selbst. Aus dieser aber erwächst Zufriedenheit, oder Unzufriedenheit mit uns, mit dem, was wir SIND, je nachdem Egoismus, Bosheit, oder Mitleid vorgewaltet haben, d. h. je nachdem der Unterschied, den wir zwischen unserer Person und den übrigen gemacht haben, größer, oder kleiner gewesen ist. Nach dem selben Maaßstabe beurtheilen wir ebenfalls die Andern, deren Charakter wir eben so empirisch, wie den eigenen, nur unvollkommener, kennen lernen: hier tritt als Lob, Beifall, Hochachtung, oder Tadel, Unwille und Verachtung auf, was bei der Selbstbeurtheilung sich als Zufriedenheit, oder Unzufriedenheit, die bis zur Gewissensangst gehen kann, kund gab. Daß auch die Vorwürfe, welche wir Andern machen, nur ZUNÄCHST auf die Thaten, EIGENTLICH aber auf den unveränderlichen Charakter derselben gerichtet sind, und Tugend oder

Laster als inhärirende, bleibende Eigenschaften angesehen werden, bezeugen manche sehr häufig vorkommende Redensarten, z. B. «Jetzt sehe ich, wie du bist!» – «In dir habe ich mich geirrt.» – *Now I see what You are! – Voilà donc, comme tu es!* – «So bin ich nicht!» – «Ich bin nicht der Mann, der fähig wäre, Sie zu hintergehen» u. dgl. m.; ferner auch: *les ames bien nées* (Seelen von guter Geburt = hochherzige Charaktere); auch im Spanischen, *bien nacido* (wohlgeboren = gesittet); *εὐγενὴς, εὐγένεια*, für tugendhaft, Tugend; *generosioris animi amicus* (ein Freund edlerer Gesinnung), u. s. w.

Durch Vernunft ist das Gewissen bloß deshalb bedingt, weil nur vermöge ihrer eine deutliche und zusammenhängende Rückerinnerung möglich ist. Es liegt in der Natur der Sache, daß das Gewissen erst HINTERHER spricht; weshalb es auch das RICHTENDE Gewissen heißt. VORHER sprechen kann es nur im uneigentlichen Sinn, nämlich indirekt, indem die Reflexion aus der Erinnerung ähnlicher Fälle auf die künftige Mißbilligung einer erst projektirten That schließt. – So weit geht die ethische Thatsache des Bewußtseyns: sie selbst bleibt als metaphysisches Problem stehen, welches nicht unmittelbar zu unserer Aufgabe gehört, jedoch im letzten Abschnitt berührt werden wird. Zu der Erkenntniß, daß das Gewissen nur die mittelst der Thaten entstehende Bekanntschaft mit dem eigenen unveränderlichen Charakter ist, stimmt es vollkommen, daß die in den verschiedenen Menschen so höchst verschiedene EMPFÄNGLICHKEIT für die Motive des Eigennutzes, der Bosheit und des Mitleids, worauf der ganze moralische Werth des Menschen beruht, nicht etwas aus einem Andern Erklärliches, noch durch Belehrung zu Erlangendes und daher in der Zeit Entstehendes und Veränderliches, ja, vom Zufall Abhängiges, sondern angeboren, unveränderlich und nicht weiter erklärlich ist.

Demgemäß ist der Lebenslauf selbst, mit allem seinem vielgestalteten Treiben, nichts weiter, als das äußere Zifferblatt jenes innern, ursprünglichen Getriebes, oder des Spiegels, in welchem allein dem Intellekt eines Jeden die Beschaffenheit seines eigenen Willens, der sein Kern ist, offenbar werden kann.
Wer sich die Mühe giebt, das hier Gesagte recht zu durchdenken, wird in meiner Begründung der Ethik eine Konsequenz und abgerundete Ganzheit entdecken, welche allen andern abgeht, und andererseits eine Uebereinstimmung mit den Thatsachen der Erfahrung, welche jene noch weniger haben. Denn nur die Wahrheit kann durchgängig mit sich und mit der Natur übereinstimmen: hingegen streiten alle falsche Grundansichten innerlich mit sich selbst und nach Außen mit der Erfahrung, welche bei jedem Schritte ihren stillen Protest einlegt.
Daß jedoch besonders die hier am Schlusse dargelegten Wahrheiten vielen festgewurzelten Vorurtheilen und Irrthümern, namentlich einer gewissen gangbaren Kinderschulen-Moral geradezu vor den Kopf stoßen, ist mir gar wohl, jedoch ohne Reue und Bedauern, bewußt. Denn erstlich spreche ich hier nicht zu Kindern, noch zum Volke, sondern zu einer erleuchteten Akademie, deren rein theoretische Frage auf die letzten Grundwahrheiten der Ethik gerichtet ist, und die auf eine höchst ernsthafte Frage auch eine ernste Antwort erwartet: und zweitens halte ich dafür, daß es weder privilegirte, noch nützliche, noch selbst unschädliche Irrthümer geben kann, sondern jeder Irrthum unendlich mehr Schaden als Nutzen stif-tet. – Wolle man hingegen bestehende Vorurtheile zum Maaßstabe der Wahrheit, oder zum Gränzstein machen, den ihre Darlegung nicht überschreiten darf, so würde es redlicher seyn, philosophische Fakultäten und Akademien ganz eingehen zu lassen: denn was nicht ist, soll auch nicht scheinen.

Zur Ethik

Die Leser meiner Ethik wissen, daß bei mir das Fundament der Moral zuletzt auf jener Wahrheit beruht, welche im Veda und Vedanta ihren Ausdruck hat an der stehend gewordenen mystischen Formel *tat twam asi* (Dies bist du; Chândogya – Upanishad, VI, 16), welche mit Hindeutung auf jedes Lebende, sei es Mensch oder Thier, ausgesprochen wird und dann die MAHAVAYKA, das große Wort, heißt.

In der That kann man die ihr gemäß geschehenden Handlungen, z. B. die der Wohlthätigkeit, als den Anfang der Mystik betrachten. Jede, in reiner Absicht erzeigte Wohlthat giebt kund, daß Der, welcher sie ausübt, im geraden Widerspruch mit der Erscheinungswelt, in welcher das fremde Individuum von ihm selbst gänzlich gesondert dasteht, sich als identisch mit demselben erkennt. Demnach ist jede ganz uninteressirte Wohlthat eine mysteriöse Handlung, ein Mysterium: daher eben hat man, um Rechenschaft davon zu geben, zu allerlei Fiktionen seine Zuflucht nehmen müssen. Nachdem KANT dem Theismus alle andern Stützen weggezogen hatte, ließ er ihm bloß die, daß er die beste Deutung und Auslegung jener und aller ihr ähnlichen mysteriösen Handlungen abgäbe. Er ließ ihn demnach als eine zwar theoretisch unerweisliche, aber zum praktischen Behufe gültige Annahme bestehn. Daß es ihm aber auch nur hiemit so ganz Ernst gewesen sei, möchte ich bezweifeln. Denn die Moral mittelst des Theismus stützen, heißt sie auf Egoismus zurückführen; obgleich die Engländer, wie auch bei uns die untersten Klassen der Gesellschaft, gar nicht die Möglichkeit einer andern Begründung absehn.

Das oben in Anregung gebrachte Wiedererkennen seines eigenen wahren Wesens in einem fremden, sich objektiv darstellenden Individuo tritt besonders schön und deutlich hervor in den Fällen, wo ein bereits rettungslos dem Tode anheimfallender Mensch noch mit ängstlicher Besorgniß und thätigem Eifer auf das Wohl und die Rettung Anderer bedacht ist. Dieser Art ist die bekannte Geschichte von einer Magd, welche, Nachts auf dem Hofe von einem tollen Hunde gebissen, sich als rettungslos verloren gebend, nun den Hund packt und in den Stall schleppt, den sie verschließt, damit kein Anderer mehr sein Opfer werde. Ebenfalls jener Vorfall in Neapel, den TISCHBEIN in einem seiner Aquarellbilder verewigt hat: vor der, dem Meere schnell zuströmenden Lava fliehend trägt der Sohn den alten Vater auf dem Rücken: aber als nur noch ein schmaler Landstrich beide zerstörende Elemente trennt, heißt der Vater den Sohn ihn niederlegen, um sich selbst durch laufen zu retten; weil sonst Beide verloren sind. Der Sohn gehorcht und wirft im Scheiden noch einen Abschiedsblick auf den Vater. Dies stellt das Bild dar. Auch ist ganz dieser Art die historische Thatsache, welche Walter Scott mit seiner Meisterhand darstellt im *heart of Mid-Lothian, Chap. 2,* wo nämlich, von zwei zum Tode verurtheilten Delinquenten, der, welcher durch sein Ungeschick die Gefangennehmung des andern veranlaßt hatte, diesen, in der Kirche, nach der Sterbepredigt, durch kräftige Überwältigung der Wache, glücklich befreit, ohne dabei irgend einen Versuch für sich selbst zu unternehmen. Ja, hierher zu zählen, wenngleich es dem occidentalischen Leser anstößig seyn mag, ist auch die auf einem oft wiederholten Kupferstiche dargestellte Scene, wo der, um füsillirt zu werden, bereits knieende Soldat seinen Hund, der zu ihm will, eifrig mit dem Tuche zurückscheucht. – In allen Fällen dieser Art nämlich sehn wir ein seinem unmittelbaren persönlichen Untergange mit voller Gewißheit entgegengehendes Individuum, an seine eigene Erhaltung nicht mehr denken, um seine ganze Sorgfalt und Anstrengung auf die eines andern zu richten. Wie könnte doch deutlicher das Bewußtseyn sich aussprechen, daß dieser Untergang nur der einer Erscheinung und also selbst Erscheinung ist, hingegen das wahre Wesen des Untergehenden, davon unberührt, in dem Andern fortbesteht, in welchem er es eben jetzt, wie seine Handlung verräth, so deutlich erkennt. Denn, wie könnte, wenn Dem nicht so wäre, sondern wir ein in der wirklichen Vernichtung begriffenes Wesen vor uns hätten, dieses noch, durch äußerste Anstrengung seiner letzten Kräfte, einen so innigen Antheil am Wohl und Fortbestand eines andern beweisen? –

Es giebt in der That zwei entgegengesetzte Weisen, sich seines eigenen Daseyns bewußt zu werden: ein Mal, in empirischer Anschauung, wie es von außen sich darstellt, als eines verschwindend kleinen, in einer, der Zeit und dem Raume nach, gränzenlosen Welt; – dann aber, indem man in sein eigenes Inneres sich versenkt und dadurch sich bewußt wird, Alles in Allem und eigentlich das allein wirkliche Wesen zu seyn, welches, zur Zugabe, sich in den andern, ihm von außen gegebenen, nochmals, wie im Spiegel, erblickt. Daß nun die erstere Erkenntnißweise bloß die durch das *principium individuationis* (Prinzip der Individuation, d. h. der Existenzgrund der Einzelwesen) vermittelte Erscheinung erfasse, die andere aber ein unmittelbares Innewerden seiner selbst als des Dinges an sich sei, – ist eine Lehre, in der ich, der erstern Hälfte nach, KANTEN, in beiden aber den Veda für mich habe. Allerdings ist der einfache Einwand gegen die letztere Erkenntnißweise, sie setze voraus, daß Eines und dasselbe Wesen an verschiedenen

Orten zugleich und doch in jedem ganz seyn könne. Wenn nun gleich Dieses, auf dem empirischen Standpunkt, die palpabelste Unmöglichkeit, ja eine Absurdität ist; so bleibt es dennoch vom Dinge an sich vollkommen wahr; weil jene Unmöglichkeit und Absurdität bloß auf den Formen der Erscheinung, die das *principium individuationis* ausmachen, beruht. Denn das Ding an sich, der Wille zum Leben, ist in jedem Wesen, auch dem geringsten, ganz und ungetheilt vorhanden, so vollständig, wie in allen, die je waren, sind und seyn werden, zusammen genommen. Hierauf eben beruht es, daß jedes Wesen, selbst das geringste, zu sich sagt: *dum ego salvus sim, pereat mundus* (Solange ich nur erhalten bleibe, mag die Welt untergehen). Und in Wahrheit würde, wenn auch alle andern Wesen untergiengen, in diesem Einen, übrig gebliebenen, doch noch das ganze Wesen an sich der Welt ungekränkt und unvermindert dastehn und jenes Untergangs als eines Gauckelspieles lachen. Dies ist freilich ein Schluß *per impossibile* (unmöglicherweise), welchem man, als eben so berechtigt, diesen gegenüberstellen kann, daß wenn irgend ein Wesen, auch nur das geringste, gänzlich vernichtet wäre, in und mit ihm die ganze Welt untergegangen seyn würde. In diesem Sinne eben sagt der Mystiker Angelus Silesius:

«Ich weiß, daß ohne mich Gott nicht ein Nu kann leben:
Werd' ich zunicht; er muß von Noth den Geist aufgeben.»
(Angelus Silesius, Der Cherubinische Wandersmann, I, 8)

Um aber diese Wahrheit, oder wenigstens die Möglichkeit, daß unser eigenes Selbst in andern Wesen existiren könne, deren Bewußtseyn ein von dem unsrigen getrenntes und verschiedenes ist, auch vom empirischen Standpunkt aus einigermaaßen absehn zu können, dürfen wir nur uns der magnetisirten Somnambulen erinnern, deren identisches Ich, nachdem sie erwacht sind, nichts von allen Dem weiß, was sie den Augenblick vorher selbst gesagt, gethan und erlitten haben. Ein so ganz phänomeneller Punkt ist also das individuelle Bewußtseyn, daß sogar in dem selben Ich deren zwei entstehen können, davon das eine nicht vom andern weiß.

Immer jedoch behalten Betrachtungen, wie die vorhergehenden, hier, in unserm judaisirten Occident, etwas sehr Fremdartiges: aber nicht so im Vaterlande des Menschengeschlechts, in jenem Lande, wo ein ganz anderer Glaube herrscht, ein Glaube, welchem gemäß, auch noch heute, z. B. nach der Todtenbestattung, die Priester, vor allem Volke und mit Begleitung der Instrumente, den Vedahymnus anstimmen, der also beginnt:

«Der verkörperte Geist, welcher tausend Häupter, tausend Augen, tausend Füße hat, wurzelt in der Menschenbrust und durchdringt zugleich die ganze Erde. Dieses Wesen ist die Welt und Alles, was je war und seyn wird. Es ist Das, was durch die Nahrung wächst, und Das, was Unsterblichkeit verleihet. Dieses ist seine Größe: und darum ist es der allerherrlichste verkörperte Geist. Die Bestandtheile dieser Welt machen Einen Theil seines Wesens aus, und drei Theile sind Unsterblichkeit, im Himmel. Diese drei Theile haben sich aus der Welt emporgehoben; aber der Eine Theil ist zurückgeblieben und ist Das, was (durch die Seelenwanderung) die Früchte guter und böser Thaten genießt und nicht genießt.» u. s. w. (nach *Colebrooke, on the religious ceremonies of the Hindus*, im 5. Bande der *Asiatic researches* S. 345 der Kalkutter Ausg., auch in dessen *Miscellaneous essays Vol. 1. p. 167)*.

Wenn man nun dergleichen Gesänge mit unsern Gesangbüchern vergleicht, wird man sich nicht mehr wundern, daß die Anglikanischen Missionarien am Ganges so erbärmlich schlechte Geschäfte machen und mit ihren Vorträgen über ihren «*maker*»* bei den Brahmanen keinen Eingang finden. Wer aber das Vergnügen genießen will, zu sehn, wie den absurden und unverschämten Prätensionen jener Herren, schon vor 41

* *Maker* ist das deutsche «Macher» und auch, wie dieses, in *compositis* häufig, z. B. *watchmaker, shoemaker,* – Uhrmacher, Schuhmacher, u. a. m. *Our maker* «unser Macher», ist nun in Englischen Schriften, Predigten und dem gemeinen Leben ein sehr gewöhnlicher und beliebter Ausdruck für «Gott»; welches ich, als für die Englische Religionsauffassung höchst charakteristisch, zu bemerken bitte. Wie jedoch dem, in der Lehre des heiligen Veda erzogenen Brahmanen und dem ihm nacheifernden Vaisia, ja, wie dem gesammten, vom Glauben an die Metempsychose und die Vergeltung durch sie durchdrungenen und bei jedem Vorgange im Leben ihrer eingedenken Indischen Volke zu Muthe werden muß, wenn man ihm solche Begriffe aufdringen will, wird der unterrichtete Leser leicht ermessen. Von dem ewigen Brahm, welches in Allem und in Jedem da ist, leidet, lebt und Erlösung hofft, überzugehn zu jenem *maker* aus nichts ist für die Leute eine schwere Zumuthung. Ihnen wird nie beizubringen seyn, daß die Welt und der Mensch ein Machwerk aus nichts sei. Mit großem Rechte sagt daher der edele Verfasser des im Texte sogleich zu lobenden Buches, S. 15 desselben: «die Bemühungen der Missionarien werden fruchtlos bleiben: kein irgend achtungswürdiger Hindu wird jemals ihren Vermahnungen nachgeben.» Desgleichen S. 50, nach Darlegung der Brahmanischen Grundlehren: «Zu hoffen, daß sie, durchdrungen von diesen Ansichten, in denen sie leben, weben und sind, jemals sie aufgeben werden, um die Christliche Lehre anzunehmen, ist, meiner festen Ueberzeugung nach, eine eitele Erwartung.» Auch S. 68 «Und wenn, zu solchem Zweck, die ganze Synode der Englischen Kirche Hand anlegte, würde es ihr, es wäre denn durch absoluten Zwang, wahrlich nicht gelingen, auch nur einen Menschen aus Tausend in der großen Indischen Bevölkerung zu bekehren.» Wie richtig seine Vorhersagung gewesen bezeugt noch jetzt, 41 Jahre später, ein langer Brief in den *Times* vom 6. November 1849, unterzeichnet Civis, der, wie aus demselben erhellt, von einem

Jahren, ein Englischer Offizier kühn und nachdrücklich entgegengetreten ist, der lese die *Vindication of the Hindoos from the aspersions of the reverend Claudius Buchanan, with a refutation of his arguments in favour of an ecclesiastical establishment in British India: the whole tending to evince the excellence of the moral system of the Hindoos; by a Bengal officer. Lond. 1808.* Der Verfasser setzt darin, mit seltener Freimüthigkeit, die Vorzüge der Hindostanischen Glaubenslehren vor den Europäischen auseinander. Die kleine Schrift, welche Deutsch etwan 5 Bogen füllen würde, verdiente noch jetzt übersetzt zu werden; da sie besser und

Manne herrührt, welcher lange in Indien gelebt hat. Darin heißt es unter Anderem: «nie ist mir auch nur ein einziges Beispiel bekannt geworden, «daß in Indien ein Mensch, dessen wir uns rühmen dürften, zum Christen«thum bekehrt worden wäre; nicht einen Fall wüßte ich, wo es nicht Ei«ner gewesen wäre, der dem Glauben, den er annahm, zum Vorwurf, und «dem, den er abschwur, zur Warnung gereichte. Die Proselyten, welche «man bis jetzt gemacht hat, so wenige ihrer sind, haben daher bloß ge«dient, Andere von der Nachfolge ihres Beispiels abzuschrecken.» Nachdem auf diesen Brief Widerspruch erfolgt war, erscheint, zur Bekräftigung desselben, in den *Times* vom 20. November, ein zweiter, SEPAHEE unterschrieben, darin es heißt: «ich habe über 12 Jahre in der Präsidentur Ma«dras gedient und während dieser langen Zeit nie ein einziges Individuum «gesehn, welches sich auch nur nominell, vom Hinduismus, oder vom Is«lam, zur protestantischen Religion bekehrt hätte. So weit also stimme ich «ganz mit CIVIS überein und glaube, daß fast alle Offiziere der Armee ein «ähnliches Zeugniß ablegen werden.» – Auch auf diesen Brief ist starker Widerspruch erfolgt: allein ich glaube, daß solcher, wenn auch nicht von Missionarien, doch von Cousins der Missionarien herrührt; wenigstens sind es sehr gottselige Gegner. Mag also auch nicht Alles, was sie anführen, ohne Grund seyn; so messe ich denn doch den oben extrahirten, unbefangenen Gewährsmännern mehr Glauben bei. Denn bei mir findet, in England, der rothe Rock mehr Glauben, als der schwarze, und Alles, was daselbst zu Gunsten der Kirche, dieser so reichen und bequemen Versorgungsanstalt der mittellosen jüngern Söhne der gesammten Aristokratie, gesagt wird ist mir *eo ipso* verdächtig.

aufrichtiger, als irgend eine mir bekannte, den so wohlthätigen praktischen Einfluß des Brahmanismus, sein Wirken im Leben und im Volke, darlegt, – ganz anders, als die aus geistlichen Federn geflossenen Berichte, die, eben als solche wenig Glauben verdienen; hingegen übereinstimmend mit Dem, was ich mündlich von Englischen Offizieren, die ihr halbes Leben in Indien zugebracht hatten, vernommen habe. Denn, um zu wissen, wie neidisch und ergrimmt die stets für ihre Pfründen zitternde Anglikanische Kirche auf den Brahmanismus ist, muß man z. B. das laute Gebelle kennen, welches, vor einigen Jahren, die Bischöfe im Parlament erhoben, Monate lang fortsetzten und, da die Ostindischen Behörden, wie immer bei solchen Gelegenheiten, sich überaus zähe bezeigten, stets wieder aufs Neue anstimmten, bloß über einige äußere Ehrenbezeugungen, welche, wie billig, in Indien, von Englischen Behörden, der uralten, ehrwürdigen Landesreligion erzeigt wurden, z. B. daß, wann die Procession mit den Götterbildern vorüberzieht, die Wache mit dem Offizier hübsch heraustritt und trommelt; ferner über die Lieferung rothen Tuches, den Wagen von Jagernauth (Jagan-nâtha; Herr der Welt; Inkarnation des Wischnu) zu bedecken, u. dgl. m. Letztere ist wirklich jenen Herren zu Gefallen, nebst dem dabei erhobenen Pilger-Zoll, eingestellt worden. Inzwischen läßt das unablässige Geifern jener sich selbst sehr-ehrwürdig nennenden Pfründen- und Allongenperucken-Träger über solche Dinge, nebst der noch ganz mittelalterlichen, heut zu Tage aber roh und pöbelhaft zu nennenden Weise, in der sie sich über die Urreligion unsers Geschlechtes ausdrücken, imgleichen auch das schwere Aergerniß, welches sie daran nahmen, daß Lord Ellenborough 1845 die Pforte der, i. J. 1022 von jenem fluchwürdigen Mahmud dem Ghaznewiden zerstörten Pagode von Sumenaut im Triumphzuge nach Bengalen zurückbrachte und den Brahmanen übergab, – dies Alles, sage ich, läßt vermuthen, daß ihnen nicht unbekannt ist, wie sehr die meisten der Europäer, welche lange in Indien leben, in ihrem Herzen dem Brahmanismus zugethan werden und über die religiösen, wie die socialen Vorurtheile Europa's nur noch die Achsel zucken. «Das fällt Alles ab, wie Schuppen, sobald man nur zwei Jahre in Indien gelebt hat», – sagte zu mir ein Mal ein Solcher. Sogar ein Franzose, jener sehr gefällige und gebildete Herr, der vor etwan zehn Jahren, die Dewadassi (*vulgo* Bayaderen) in Europa begleitete, rief, als ich mit ihm auf die Religion jenes Landes zu sprechen kam, sogleich mit feuriger Begeisterung aus: *Monsieur, c'est la vraie religion!* (Mein Herr, das ist die wahre Religion!) – Höchst drollig hingegen ist, nebenbei gesagt, die gelassen lächelnde Süffisance, mit welcher einige servile Deutsche Philosophaster, wie auch manche Buchstaben-Orientalisten, von der Höhe ihres rationalistischen Judenthums auf Brahmanismus und Buddhaismus herabsehn. Solchen Herrlein möchte ich wahrlich ein Engagement bei der Affenkomödie auf der Frankfurter Messe vorschlagen; wenn anders die Nachkommen des Hanuman sie unter sich dulden wollen. –

Miteinander auskommen: Schopenhauers Ethik der Toleranz und Solidarität auf der Grundlage des Mitleids

Was ist eigentlich Mitleid? Ein Gefühl? Eine Gemütsbewegung? Eine Stimmung – oder was sonst? Was geschieht in uns, wenn wir es empfinden? Und wie ist es philosophisch zu interpretieren? Das Wort ‹Mitleid› ruft eine spontane Assoziation mit dem Phänomen der moralischen Sensibilität hervor, also mit der Fähigkeit, am Leiden anderer unmittelbar teilzunehmen. Ein rational schwer bestimmbares Phänomen, das mit der vieldiskutierten Frage nach der Grundlegung moralischen Verhaltens zu tun hat. Also auch mit dem umstrittenen Problem: Warum überhaupt moralisch sein? Bis hin zu der Annahme: Kann Mitleid als Richtschnur gelten, um zwischenmenschliches Handeln und Zusammenleben zu orientieren? Kann man auf der Grundlage des Mitleids Grundsätze, Kriterien und Normen zur Regelung unseres Handelns finden und verbindlich begründen? Läßt sich Ethik als Lehre von der tugendhaften und geglückten Lebensführung darauf basieren?

Diese Probleme sind seit alters her diskutiert worden und bleiben nach wie vor aktuell – als gingen sie den Menschen an, nicht damit er sie löst, sondern damit er sie lebt. Die Frage nach der Moral und ihrem Fundament ist so alt wie der Mensch, und jeder, der nur denkt, muß sie sich stellen – ganz besonders derjenige, der philosophiert. Doch was hat die Philosophie bezüglich des Mitleids zu sagen?

In Sachen der Lebensweisheit – darunter fällt ja das Phänomen des Mitleids und des damit zusammenhängenden moralischen

Verhaltens – sind die Philosophen Gesprächspartner, mit denen es sich zu diskutieren lohnt. Philosophen der Gegenwart sowie auch der Vergangenheit: denn für denjenigen, der lesen kann, ist sämtliche philosophische Literatur zeitgenössisch.
Ein weiterer entscheidender Grund, um gerade in bezug auf Mitleid mit Philosophen ins Gespräch zu kommen, ist, daß echtes Philosophieren nicht nur die Errichtung eines Gedankengebäudes oder einer Theorie ist, sondern auch und vor allem eine Lebenswahl und Lebenseinstellung erforderlich macht. Unter den vielfältigen philosophischen Überlegungen, die auf die Frage nach dem Mitleid angestellt wurden, sticht diejenige von Arthur Schopenhauer (1788–1860) deutlich hervor. Mit seiner philosophischen Rehabilitierung des Mitleids hat er einen Meilenstein in der Geschichte des Problems gesetzt. Mitleid – «das große Mysterium der Ethik» – bezeichnet der Denker aus Danzig als «das Urphänomen der Moral». Im Rückgriff darauf hat er seinen philosophischen Versuch unternommen, Moral auf eine erfahrungsgemäße, jedermann einsichtige Grundlage zurückzuführen. Die Schwierigkeit des Unternehmens ist ihm von Anfang an wohl klar: «Moral predigen ist leicht, Moral begründen schwer». So proklamiert er in der Schrift *Über den Willen der Natur* (1836) und beteuert es in der von der Königlich Dänischen Gesellschaft der Wissenschaften nicht gekrönten Abhandlung *Über die Grundlage der Moral* (1839), der er diesen Spruch als Motto voranstellt.
Wie ist aber Schopenhauers Definition zu verstehen? Weshalb soll Mitleid ‹mysteriös› sein? Und in welchem Sinne ist es ein ‹Urphänomen› für die Moral? Das Leben ist nicht schön, lehrt Schopenhauer. Es ist Leiden, denn es ist Wille. Und Wille ist die irrationale, undurchsichtige, dunkle metaphysische Urkraft, die das ganze Sein bestimmt und darin sein Reich der

Zweck- und Sinnlosigkeit stiftet. Darin wird alles, zumal die Handlungen der Menschen, durch die Grausamkeit des blinden Willens und die Triebfeder eines grenzenlosen Eigennutzes bewegt. Der Mensch will alles genießen, alles haben, alles beherrschen. Jeder macht sich zum Mittelpunkt des Universums: «Der Egoismus ist kolossal: er überragt die Welt». Schopenhauer veranschaulicht es durch eine Hyperbel: «Mancher Mensch wäre im Stande, einen andern totzuschlagen, bloß um mit dessen Fette sich die Stiefel zu schmieren.»

Daß solche Hyperbel nicht übertrieben ist, daß die Fragilität unserer moralischen Überzeugungen nichts gegen das Böse garantieren kann, zeigt das Gedankenexperiment des alten chinesischen Mandarins, das sich am Anfang der *Comédie humaine* von Balzac findet: «Was würdest Du tun, Leser, wenn Du reich werden könntest, indem Du allein durch Deinen Willen einen alten Mandarin in China töten würdest?» Eine einfache gut gestellte Frage wie diese reicht, um die Moralprinzipien des aufgeklärten Europäers ins Schwanken zu bringen. Der Sinn für Gut und Böse funktioniert nicht anders als die physische Sensibilität: je ferner die Ursachen der Empfindungen liegen, um so mehr schwindet ihre Kraft. Die Entfernung übt ihre Wirkung auch auf die Moral aus. Der Tod eines alten Mandarins in China betrübt ein geldsüchtiges Bewußtsein nicht allzu sehr. Als ob ein Meridian über Gut und Böse entscheiden würde. Moralprinzipien, die auf dem unaufhaltsamen Toben des Irrationalen errichtet sind, wackeln bei jedem Anstoß der elementaren Triebe des Willens. Der ununterdrückbare Egoismus des Lebens ist jederzeit im Begriff, sie mit den Füßen zu treten.

Angesichts dessen scheint nun im Mitleid tatsächlich etwas Mysteriöses zu geschehen, das dem eisernen Gesetz des Willens zuwiderläuft. Im Mitleid fühle ich mich mit dem andauernden Leiden des Lebens verbunden, und zwar in einer Weise, dessen Gründe nicht durch die Erfahrung auszumitteln sind und von der auch nicht die Vernunft unmittelbare Rechenschaft geben kann. Deshalb erscheint der Vorgang des Mitleids hinsichtlich der Gründe, die ihn veranlassen, ‹mysteriös› zu sein.

Doch Mitleid ist «eine unleugbare Tatsache des menschlichen Bewußtseins», und was in der Teilhabe am Leiden des anderen geschieht, ist offensichtlich. Im Mitleid, woraus es auch immer entspringen mag, öffne ich mich für die Möglichkeit, mich an die Stelle des anderen zu fühlen, und zwar nicht in einem objektivierenden, Abstand nehmenden und neutralen Gedankenexperiment, sondern in der schmerzhaften Teilhabe am faktischen Leiden eines jeweiligen konkreten Lebewesens. Das Mitleid hebt die Mauer zwischen Du und Ich auf. Ja, das Mitleid bezieht sich auf alles, was Leben hat, und nimmt deshalb auch Tiere gleichsam in seinen Schutz. Denn im Mitleid werde ich von meiner Individualität und meinem Egoismus abgehalten und über meine Beschränktheit hinaus für das Leiden des Lebens freigemacht und sensibilisiert. In der uneigennützigen, echt ‹selbstlosen› Haltung des Mitleids kann ich mich mit jedem Lebendigen verbunden fühlen. Mitleid überwindet also das Prinzip der Individuation und ruft die Identifikation mit dem anderen hervor. Es ist die Erfahrung des buddhistischen «*tat-twam-asi*» («dies bist du»), eine emotionale Haltung, die tiefer ansetzt als jeder Vernunftakt. Daher ist die Erregung des Mitleids von keiner Anstrengung des Intellekts veranlaßt, sondern von einem spontan entstehenden Mitfühlen. Es bedarf dazu keiner abstrakten, sondern nur der anschauenden Erkenntnis. Ja, Mitleid ist mit dem Menschsein so gleichursprünglich, daß man denjenigen, dem das Mitleid mangelt, einen ‹Unmenschen› nennt. Dagegen strahlt derjenige, der es empfindet, eine «Schönheit höherer Art» aus: die «Güte des Herzens». Schopenhauer preist diese menschliche Qualität über alle intellektuellen Eigenschaften: «Denn die Güte des Herzens ist eine transcendente Eigenschaft, gehört einer über dieses Leben hinausreichenden Ordnung der Dinge an und ist mit jeder andern Vollkommenheit inkommensurabel. Wo sie in hohem Grade vorhanden ist, macht sie das Herz so groß, daß es die Welt umfaßt, so daß jetzt Alles in ihm, nichts mehr außerhalb liegt; da sie ja alle Wesen mit dem eigenen identifiziert.»

In diesem Sinne ist Mitleid ein ‹Urphänomen› – ein ‹Grenzstein› –, wohinter man nicht zurückgehen kann. Schopenhauers Verwendung des Begriffs ‹Urphänomen› im moralphilosophischen Zusammenhang leuchtet ein, wenn man berücksichtigt, daß er ihn wohl in der von Goethe durch seine naturphilosophische Hypothese der ‹Urpflanze› geprägten Bedeutung kennt und anwendet. Urphänomen ist die elementare, ursprüngliche Gestalt, auf die alle Erscheinungen einer jeweiligen Seinsregion zurückzuführen sind. Es macht den Inbegriff, das Wesen dessen aus, was einen Phänomenbereich bestimmt. Mitleid als Urphänomen der Moral anzusetzen, besagt demnach, daß alle Phänomene der Ethik – moralische Handlungen, Handlungsmotive und Handlungskriterien – letztlich auf Mitleid als auf deren Urquelle zurückzuführen sind.

Eine knappe und bündige Begründung dafür schreibt Schopenhauer 1824 in seiner Brieftasche in einer Notiz nieder, die er später in dem zentralen Paragraphen 16 der Preisschrift *Über die Grundlage der Moral* ausführt: «Keine Handlung ohne Motiv. Es gibt nur drei Arten, auf welche das Motiv den Willen bewegen kann. Denn was wir suchen ist entweder eigenes Wohl, fremdes Wohl, oder fremder Schmerz. – Demnach gibt es in unserer Natur drei Saiten, die das Motiv anschlagen kann, d. h. *drei Quellen aller Handlungen*: 1.) Eigennutz (Interesse). 2.) Mitleid. 3.) Grausamkeit.»

Eigennutz bzw. Egoismus, der nur das eigene Wohl will, ist die Haupttriebfeder menschlichen Handelns: er erzeugt jedoch keinen moralischen Wert, ja er ist dessen Negation. Ebenso Grausamkeit, die das fremde Weh will. In einer grundsätzlich durch Egoismus und Grausamkeit bestimmten Welt, die Dantes Hölle «dadurch übertrifft, daß Einer der Teufel des Andern sein muß», ist Mitleid «die alleinige echte moralische Triebfeder», «der festeste Bürge für das sittliche Wohlverhalten»: denn es bedeutet, das fremde Wohl zu wollen, und zwar aller lebenden Wesen. Hinsichtlich der Gründe, die den Menschen zum Mitleid bewegen, präzisiert Schopenhauer: «Es beruht nicht auf Begriffen, Religionen, Dogmen, Erziehung; sondern es liegt in der menschlichen Natur selbst und gehört nirgends zu den ‹fremden Göttern›. Daher hat es eine reale Wirksamkeit und ist die wahre Grundlage der Moral.»

Auf Mitleid gründen denn auch die beiden Tugenden, die als Eckpfeiler das Gebäude der Moral tragen: Gerechtigkeit und Menschenliebe, mit den entsprechenden Grundsätzen: «Verletze niemanden» (*neminem laede*) und «Hilf allen, soweit du kannst» (*omnes, quantum potes, juva*). In modernere Begriffe umgemünzt: «Sei tolerant und solidarisch!»

Mit seiner Rehabilitierung des Mitleids als Grundlage für eine Ethik der Toleranz und Solidarität schlägt Schopenhauer einen alternativen Weg gegenüber Kants damals dominierender Moralbegründung auf der Basis der reinen Vernunft ein. Die *Kritik der praktischen Vernunft* repräsentiert einen wahren Einschnitt in der Geschichte der Moralphilosophie, und mit ihr hat Kant alle nachfolgende Ethik bis in die Gegenwart hinein entschei-

dend beeinflußt. Die traditionelle Ethik als Lehre vom glückseligen Leben reduziert er auf eine Lehre von den Pflichten und führt damit eine Verengung des ursprünglichen Geltungsbereiches der Ethik herbei. Die klassische Frage: «Was für ein Leben will ich?» wird bei ihm zur Frage: «Was soll bzw. was darf ich tun?» Die Kantische und postkantianische Ethik bemüht sich demnach nicht mehr um Lebensweisheit und Lebensführung, sondern um eine rigorose, formalistische und universale Begründung des Sollens auf der Basis der reinen Vernunft.
Schopenhauer hegt große Zweifel daran: Soll Vernunft allein eine allgemeingültige Verbindlichkeit der Ethik gewährleisten? Soll sie allein für das Verhalten leitend und bestimmend, d.h. imperativ sein? Kann sie tatsächlich praktischmoralische Wirksamkeit haben und zur allein legitimen Quelle moralischen Verhaltens werden?
Unmöglich, denkt Schopenhauer. Denn Vernunft kann mit ihrem kategorischen, ja gar ‹tyrannischen›, jedoch abstrakten und ohnmächtigen Imperativ auf das Toben der Leidenschaften keinen Einfluß haben. Sie vermag an der schrecklichen Natürlichkeit des Egoismus nichts zu ändern. Mit seiner rationalistischen Moralbegründung schwebt Kant also in der Luft, und am Ende argumentiert er als verkappter Christ. Schopenhauer erlaubt sich zuweilen, ihn in diesem Punkt an den Pranger zu stellen: «Wenn mir jetzt zur Aufheiterung ein scherzhaftes, ja, frivoles Gleichnis gestattet sein sollte, so würde ich Kant, in jener Selbstmystifikation, mit einem Manne vergleichen, der, auf einem Maskenball, den ganzen Abend mit einer maskierten Schönen buhlt, im Wahn, eine Eroberung zu machen; bis sie am Ende sich entlarvt und zu erkennen gibt – als seine Frau.» Ja, in einer durch das harte Gesetz des Egoismus regierten Welt ist die Wirksamkeit des kategorischen Imperativs

gleich Null: «wie eine Klystierspritze bei einer Feuerbrunst». Deshalb nimmt sich Kants *Kritik der praktischen Vernunft* von seiner Perspektive aus eher als erbauliches Buch für Pensionatsmädchen aus, will sagen: sie repräsentiert die hilflose, unschuldige Tugend, die gegen den Weltlauf zu gehen beansprucht. Schopenhauer weiß also zur Genüge, wie beschränkt und schwach praktische Vernunft ist. Er macht sich keine Illusionen bezüglich ihrer imperativen Kraft und ihres Orientierungspotentials und plädiert daher für ein nüchternes Ethos des Miteinanderauskommens aufgrund von Toleranz und Solidarität, das sein Fundament im Mitleid hat. Ein solches, das sich nicht «anräsonnieren», aber auch nicht «wegräsonnieren» läßt. Hierbei kommt es freilich darauf an, wie es schon Kant formuliert, «sich an die Stelle jedes anderen zu *denken*», und gleichsam durch dieses Gedankenexperiment die unparteiische, vorurteilsfreie Position einzunehmen, in der wir uns von der Befangenheit in unserer jeweiligen subjektiven Interessenlage befreien, indem wir uns die Sichtweise des anderen vergegenwärtigen und berücksichtigen. Doch eher als das Vernunftdenken hilft hier das Einfühlungsvermögen, so daß man mit Schopenhauer den Kantischen Satz so umformulieren würde: Um den moralischen Standpunkt echter Selbstlosigkeit einzunehmen und danach zu handeln, soll man sich «an die Stelle jedes anderen *fühlen*.» Wenn Moral überhaupt ein Fundament hat, dann ist dies nicht so sehr im Denken, sondern im Gefühl zu suchen: in dem Grundgefühl des Mitleids, woraus Gerechtigkeit und Menschenliebe, Toleranz und Solidarität entstehen. Die zu seiner Zeit wenig beachtete Grundintuition Schopenhauers ist heute aktuell geworden – wie unter anderen der alte Max Horkheimer erkannte. Schopenhauers Verständnis der Ethik entspricht in der Tat einer

verbreiteten Grundüberzeugung: Der Prozeß der Einfühlung, die moralischen Handlungen zugrunde liegt, geht nicht so sehr über das abstrakte Denken und die schwer zu leistende Identifizierung mit der allgemeinen Idee des Menschen, sondern eher über das konkrete Fühlen, Einfühlen und Mitfühlen, wodurch wir uns als lebendige Wesen unmittelbar verstehen und allem Egoismus zum Trotz einen Sinn für den anderen und für das Gemeinschaftliche – eine «ungesellige Geselligkeit», wie Kant sie nennt – entwickeln können.
Denn wir sind wie Stachelschweine, erklärte Schopenhauer gerne seiner Geliebten Caroline Medon: «Eine Gesellschaft Stachelschweine drängte sich, an einem kalten Wintertage, recht nahe zusammen, um durch die gegenseitige Wärme sich vor dem Erfrieren zu schützen. Jedoch bald empfanden sie die gegenseitigen Stacheln; welches sie dann wieder von einander entfernte. Wann nun das Bedürfniß der Erwärmung sie wieder näher zusammen brachte, wiederholte sich jenes zweite Uebel, so daß sie zwischen beiden Leiden hin und hergeworfen wurden, bis sie eine mäßige Entfernung von einander herausgefunden hatten, in der sie es am besten aushalten konnten.»
In der von Schopenhauer empfohlenen Haltung des Mitleidempfinden-Wollens scheint also eine mögliche Quelle moralischer Energie verborgen zu sein, die das noch offene Potential von Toleranz und Solidarität ausschöpfen und den Menschen als solchen bewahren möchte, damit Humanität in einer durch steigende kulturelle Konflikte gekennzeichneten Gesellschaft Wurzeln schlagen kann. Das ist eine illusionslose Haltung, die darum bemüht ist, den moralischen Verantwortungssinn, dessen die Menschheit im Prinzip fähig ist, zu aktivieren, selbst wenn kein anderes Licht leuchtet als das unserer Sensibilität.

Franco Volpi

Bibliographischer Nachweis

Dieser Ausgabe liegen folgende Schopenhauer-Editionen zugrunde:

Sämtliche Werke
Herausgegeben von Arthur Hübscher
Dritte Auflage. Wiesbaden 1972

Werke in fünf Bänden
Nach den Ausgaben letzter Hand herausgegeben von Ludger Lütkehaus
Zürich 1988

Von der Nichtigkeit und dem Leiden des Lebens, in: Die Welt als Wille und Vorstellung. Zweiter Band, Kapitel 46.

Bejahung und Verneinung des Willens zum Leben, in: Die Welt als Wille und Vorstellung. Erster Band. §§ 65 – 67.

Ueber die Grundlage der Moral, in: Die beiden Grundprobleme der Ethik. Preisschrift über die Grundlage der Moral. §§ 14 – 20.

Zur Ethik, in: Parerga und Paralipomena. Zweiter Band. Kapitel VIII. § 115.